우주에서 가장 쉬운 어휘

2

우주에서 가장 쉬운 어휘 2

초판 1쇄 펴낸날 2016년 9월 27일
초판 3쇄 펴낸날 2019년 12월 31일

지은이 | 강영미 김경란 서태진 장지혜
펴낸이 | 홍지연
편집장 | 김영숙
편집 | 정아름 김선현
일러스트 | 심규태
디자인 & 아트디렉팅 | 정은경
본문디자인 | 남희정 박태연
마케팅 | 이주은
관리 | 김세정
인쇄 | 에스제이 피앤비

펴낸곳 | 도서출판 우리학교
등록 | 제313-2009-26호(2009년 1월 5일)
주소 | 03992 서울시 마포구 동교로23길 32 2층
전화 | 02-6012-6094
팩스 | 02-6012-6092
전자우편 | woorischool@naver.com

값 12,000원

ISBN 979-11-87050-17-9 44700
ISBN 979-11-87050-15-5(세트)

현실중학생을 위한 국어 어휘 학습법

우주에서 가장 쉬운 어휘

2

강영미 · 김경란 · 서태진 · 장지혜 지음

우리학교

'현실중학생'을 위한 '인생어휘'

집에서 가족들과 나누는 평범한 대화부터 친구들과 주고받는 SNS 메신저까지 우리는 아침부터 저녁까지 누군가의 이야기를 듣거나 누군가에게 이야기를 건넵니다. 또 수업 시간에는 어떤 주제에 대해서 발표를 하기도 하고, 자기 생각과 느낌을 글로 쓰기도 합니다. 책을 읽으며 감동을 받기도 하고요. 이처럼 우리는 말과 글을 통해서 매일매일 누군가와 의사소통을 하며 살고 있습니다.

여러분 중에서 말을 못하거나 글을 읽지 못하는 사람은 드물 거예요. 하지만 말을 하고, 글을 읽고 쓴다고 해서 우리말을 잘한다고 할 수는 없어요. 듣기, 말하기, 읽기, 쓰기를 다 할 수 있는데 의사소통이 어려운 이유는 뭘까요? 여러 가지 이유가 있을 수 있겠지만 가장 큰 이유는 어휘력이 부족하기 때문이에요.

어휘력이 부족하면 구절이나 문장의 의미를 파악하기 어려워요. 누군가와 말을 하다 보면 말귀를 못 알아듣는구나 싶은 사람이 있지요? 글도 분명히 읽기는 하는데 그 뜻을 모르는구나 싶을 때도 있고요. 또 어휘력이 부족하면 국어 공부를 잘하기 어려워요. 국어를 못하면 다른 과목도 공부하기 쉽지 않고요.

사람들과의 원활한 의사소통을 위해서, 또 공부를 잘하기 위해서는 무엇보다도 먼저 어휘력을 길러야 합니다. 어휘력을 기르는 가장 중요한 습관은 처음 보거나 뜻을 모르는 단어를 만나면 국어사전을 찾아보는 거예요. 사전을 일일이 찾아보는 게 귀찮다고요? 그렇다면 이 책의 도움을 받아야겠네요.

이 책은 어휘 사용 빈도 연구를 참고하고, 교과서의 어휘를 조사해서 여러분이 꼭 알아 두어야 할 어휘를 엄선했어요. 또 가나다 순서가 아닌 의미 중심으로 연관어를 제시하기 때문에 기억하기도 쉬울 거예요. '현실중학생'을 위한 '인생어휘'라고 할 수 있겠지요?

어휘력을 기른다는 것은 아는 단어의 수가 늘어난다는 뜻이에요. 어휘력이 풍부해지면 자신의 생각을 더 정확하고, 깊이 있게 표현할 수 있어요. 또 다른 사람의 말이나 글도 쉽게 이해할 수 있지요.

이 책을 쓴 선생님들은 중학교와 고등학교에서 국어를 가르치고 있어요. 그런데 학교에서 선생님들이 '요즘 아이들은 어휘력이 너무 부족해요'라는 이야기를 많이 하세요. 수업을 할 때 학생들이 수업 내용을 이해하지 못한다는 걱정으로 하시는 말씀이지요. 그래서 중학생을 위한 쉽고, 재미있게 어휘를 배울 수 있는 책을 만들 결심을 했습니다. 그리고 책 제목처럼 '우주에서 가장 쉬운' 어휘 학습 책을 만들었습니다.

이 책을 읽는 여러분의 어휘력이 쑥쑥 자라나서 수업 시간이 기다려지고, 누군가와의 대화가 즐거워지길, 여러분의 국어 생활이 넉넉해지길 바랍니다.

2016년 9월

강영미, 김경란, 서태진, 장지혜

이 책은
이렇게 구성되어
있어요

20개의
필수 어휘를 익히는
6단계 학습법

1단계 : 스토리로 익히기

우리 주변에 있을 법한 상황을 필수 어휘를 넣어 이야기로 만들었어요.
이야기의 맥락 속에서 어휘의 뜻을 상상하며 읽어 보세요.

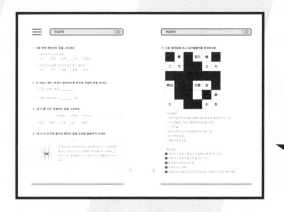

6단계 : 연습 문제로 익히기

배우고 익힌 어휘력을 점검해 볼 수 있는 문제를 실었어요.
어휘 실력을 종합적으로 점검해 보세요.

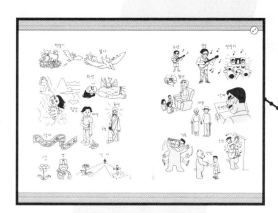

2단계 : 그림으로 익히기

이 책에 실려 있는 240개의 필수 어휘를 그림으로 표현했어요.
그림을 보면서 어휘의 뜻을 짐작해 보세요.

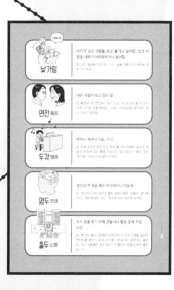

3단계 : 뜻으로 익히기

필수 어휘의 뜻을 풀이하고 유래와 쓰임을 설명했어요.
비슷한말과 반대말, 관용어 등도 함께 익히도록 하세요.

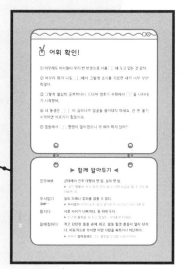

4단계 : 어휘 확인으로 익히기

뜻으로 익힌 필수 어휘를 예문을 통해 바로바로 확인하도록 했어요.
생생한 입말이 살아 있는 예문의 빈칸에 알맞은 어휘를 적어 보세요.

5단계 : 관련 어휘 익히기

함께 알아 두면 좋을 어휘를 제시했어요.
뜻과 예문을 읽으면서 관련 어휘도 기억하도록 하세요.

차 례

제 1 장

가족과 친척

종갓집 맏며느릿감 이라는 말이 칭찬이야?

우리 집은 **종가**라서 명절날이면 온 집안이 친척들로 북적북적해. 이름난 **명가**는 아니지만 홀로 월남하셔서 **일가**를 이루고 **가솔**을 돌봐 온 우리 증조할아버지는 참 대단하신 것 같아. 이런 날 **출가**하여 절에 계신 삼촌도 함께라면 참 좋을 텐데.

엄마는 형제자매가 없는 **무남독녀**로 태어났단다. 덕분에 **부친**과 **모친**의 사랑을 한 몸에 받으며 자랐지. 그래도 혼자라서 외로울 때는 식구가 많은 가정을 꿈꾸었어. 다행히 좋은 **배우자**인 너희 아빠를 만나서 듬직한 아들들과 어여쁜 **고명딸**까지 얻었으니 지금은 남부러울 것이 없단다.

물려받은 **유산**이 하나도 없는 우리 부모님은 **슬하**에 자식이 다섯이나 되었단다. 더군다나 형편이 어려웠던 삼촌네 **군식구**까지 함께 살아서 **가계** 형편은 늘 어려웠지. 아버지는 **가장**으로서, 어머니는 집안 살림을 책임지는 분으로서 힘드셨을 거야. 그런데도 늘 밝고 성실한 모습으로 이렇게 우리를 잘 키워 주셨어.

명절에 친척이 모이면 늘 헷갈리는 **촌수**와 호칭을 헷갈려 하니 내가 알려 줄게. 누나와 결혼한 **매형**은 자주 만나니까 그나마 기억하기 쉽지? 아, 매형은 혈연관계가 아니니까 **인척**이라고 해야 해. 작은아버지인 **숙부**는 촌수로 3촌이고, 숙부의 자녀들과 너는 4촌이되는 거야. 또 엄마와 숙모는 **동서** 지간이라고 해.

가장

명가

유산

종가

무남독녀

군식구

촌수

인척

어머니　아버지　작은아버지

처남　아내　나　누나　매형

일가

동서

부친 모친

숙부

슬하

고명딸

가계

현금출납장

6/6 적금 50,000₩
6/7 장보기 66,000₩
관리비 160,000₩

가솔

출가

배우자

가솔 家率

한집안에 딸린 구성원. 비슷한말 식솔食率, 식구食口

🔄 예전에는 가솔, 식솔이라는 말을 많이 썼는데 요즘에는 식구라는 말을 주로 쓰지요. 식구는 한집에서 함께 살면서 끼니를 같이하는 사람을 뜻해요.

일가 一家

한집에 사는 가족. 성이 같고 혈연관계에 있는 사람들. 비슷한말 한집안

🔄 학문이나 예술 등에 뛰어난 능력이 있어 경지에 오르거나 독자적인 체계를 이룬 상태를 '일가를 이루다'라고 표현하기도 해요.

출가 出家

집을 떠남. 불교나 가톨릭에서, 현실 세계를 떠나 수행에 들어감.

🔄 동음이의어 출가出嫁는 시집갈 가嫁 자를 써서 시집을 간다는 뜻이 돼요.

종가 宗家

어떤 가문에서 큰아들로만 이어져 온 큰집. 비슷한말 종갓집

🔄 종가의 큰아들을 종자, 종가의 대를 이을 큰손자를 종손이라고 해요.

명가 名家

명망이 높은 가문.

🔄 어떤 전문 분야에서 실력이 뛰어나거나 유명한 사람, 또는 그런 집을 명가라고 하기도 해요.

☑️ 어휘 확인!

① 할아버지는 어서 전쟁이 끝나 □□가 모두 모여 화목하게 살 날을 손꼽아 기다리셨다.

② 하늘이네 집이 □□라서 제사를 엄청 많이 지낸다고 하더라고.

③ 진지하게 고민해서 결정한 거야. 나 □□해서 스님이 될 거야.

④ 떡볶이의 □□라고 소문난 그 집 떡볶이 먹어 봤어?

⑤ 그는 성실하여 타지에서도 □□을 살뜰하게 보살폈고, 10년 뒤에 □□을 거느리고 고향으로 돌아왔다.

정답 : ①일가 ②종가 ③출가 ④원가 ⑤처자 식솔

▶ 함께 알아두기 ◀

자수성가
自手成家
물려받은 재산이 없이 자기 혼자의 힘으로 집안을 일으키고 재산을 모음.
▶ 기사에서 봤는데 세계적인 부자들은 대부분 재산을 물려받은 부자가 아니라 **자수성가**형 부자래.

가업家業
대대로 물려받은 집안의 생업.
▶ 윤재는 야구를 그만두고 아버지의 **가업**을 잇기 위해 공부에 매진하기로 했대.

생가生家
어떤 사람이 태어난 집.
▶ 지난주에 부모님이랑 여행 간 곳에 정약용 **생가**가 있더라고.

본가本家
따로 나와 살기 이전에 원래 살던 집.
▶ 우리 고모는 **본가**에 살 때부터 키우던 강아지를 독립하면서 데리고 나갔어.

부친 父親

자기 혹은 다른 사람의 아버지를 정중히 이르는 말. 비슷한말 아버지

◆ 어떤 일을 처음 이루거나 완성한 사람을 비유적으로 이를 때에도 아버지라고 해요. 바흐를 '음악의 아버지'라고 하지요. 선친先親은 돌아가신 자기 아버지를 남에게 이르는 말이랍니다.

모친 母親

자기 혹은 다른 사람의 어머니를 정중히 이르는 말. 비슷한말 어머니

◆ '실패는 성공의 어머니'와 같이 어머니는 어떠한 현상이나 사물이 생겨나게 된 근본을 비유적으로 이르는 말로도 쓰여요. 자당慈堂은 다른 사람의 어머니를 높여 이르는 말이지요.

무남독녀 無男獨女

아들이 없는 집의 외동딸.

◆ 외동아들을 가리키는 무녀독남이라는 말이 있지만 잘 쓰이지는 않아요.

고명딸

아들 많은 집의 하나뿐인 딸.

◆ 고명은 모양과 맛을 내기 위하여 음식 위에 얹거나 뿌리는 양념을 두루 일컫는 말이에요. 아들만 있는 집에 고명처럼 예쁘게 얹힌 딸이라는 뜻으로 사용하지요.

배우자 配偶者

부부의 한쪽에서 본 다른 쪽. 남편 쪽에서는 아내를, 아내 쪽에서는 남편을 이르는 말.

◆ 민법에 의하면 배우자는 친족이지만 촌수는 무촌(0촌)이래요. 가장 가깝고도 가장 먼 사이지요.

어휘 확인!

① 그들 부부가 늘그막에 얻은 □□□□를 얼마나 아끼고 사랑했는지 동네에 소문이 자자할 정도였다.

② □□□인 나는 오빠들에게 많은 사랑을 받으며 자랐어.

③ 내 여동생은 나이가 들어갈수록 고향에 계신 □□과 말투며 행동이 비슷해지고 있어.

④ 그가 □□으로부터 물려받은 것은 물질적인 것이 아니라 용기와 독립심, 그리고 도전 정신이야.

⑤ 평생을 함께할 □□□를 고르는 일은 신중해야 해.

  ## ➤ 함께 알아두기 ◄

조부모祖父母   할아버지와 할머니를 아울러 이르는 말.
> ▶ 부모님께서는 연로하신 **조부모**님의 건강을 늘 걱정하셔.

여식女息   여자로 태어난 자식.
> ▶ 임금께서 우리의 **여식**을 세자빈으로 삼으시겠다는군.

유복자遺腹子   아버지가 죽고 나서 태어난 자식.
> ▶ **유복자**로 태어나서 어머니와 단둘이 살고 있대.

금지옥엽
金枝玉葉   매우 소중하고 귀한 자식.
> ▶ **금지옥엽** 외아들이라서 그런지 버릇이 없어.

가장 家長

한 가족을 대표하고 책임지는 사람.

비슷한말 호주 戶主

◎ 호주란 호적법에서 한 집안의 주인으로서 가족을 거느리며 부양하던 사람을 이르던 말이에요. 호주제는 2008년 폐지되었고, 지금은 가족 개개인을 중심으로 한 가족관계등록부로 대신하고 있어요.

군식구 -食口

원래 식구 외에 덧붙어서 얻어먹고 있는 식구.

비슷한말 객식구 客食口

◎ 군-은 일부 명사 앞에 쓰여 쓸데없는, 덧붙은이라는 뜻을 더해 주어요. 군말은 쓸데없는 군더더기 말, 군살은 영양 과잉이나 운동 부족으로 찐 군더더기 살이지요.

가계 家計

경제 단위로서의 가정. 한 집안의 경제를 이끌어 나가는 방법이나 형편.

◎ 한 집안이 살아가는 데 따른 수입과 지출의 상태를 적는 장부를 가계부라고 해요.

슬하 膝下

부모가 자식을 키우고 보살피는 상태.

◎ 슬하를 풀이하면 무릎 아래라는 뜻이에요. 슬하는 유년기의 아이를 가리키는 말이었는데, 요즘은 부모의 보호를 받는 테두리 안을 뜻하는 말로 쓰여요.

유산 遺産

죽은 사람이 남겨 놓은 재산. 상속 재산.

◎ 문화유산은 문화적인 가치가 높아 후손들에게 물려 줄 필요가 있는 문화나 문화재를 뜻해요. 이처럼 이전 세대가 물려준 사물 또는 문화도 유산이라고 해요.

어휘 확인!

① 어려운 살림에 ☐☐☐까지 늘어 생계를 꾸리기가 어려워.

② 우리 부모님은 ☐☐을 나에게 물려주지 않고 사회에 기부하실 거래.

③ 아버지가 돌아가신 후로는 큰오빠가 ☐☐ 노릇을 하고 있어.

④ 할머니 할아버지 ☐☐에는 자녀가 여섯이나 됐었대.

⑤ 엄마가 우리 집 ☐☐가 빠듯하다고 자전거는 내년에나 사 주신다고 했어.

정답 ① 식솔(식구) ② 유산 ③ 가장 ④ 슬하 ⑤ 살림(가계)

➤ 함께 알아두기 ◀

사고무친
四顧無親

사방을 돌아보아도 친척이 없다는 뜻으로, 의지할 만한 사람이 아무도 없음.

▸ 외롭고 쓸쓸한 **사고무친**의 객지 생활도 어느덧 십 년이 지났다.

불초不肖

아버지를 닮지 않았다는 뜻으로, 못나고 어리석은 사람을 이르는 말.

▸ 제가 **불초**하여 아버님의 뜻을 미처 헤아리지 못했습니다.

춘부장椿府丈

남의 아버지를 높여 이르는 말.

▸ 자네 **춘부장**과 자당께서는 건강하신가?

영애令愛

윗사람의 딸을 높여 이르는 말.

▸ 회장님의 **영애**로 사는 것이 쉽지만은 않은 일 같습니다.

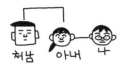

인척 姻戚

혼인으로 맺어진 친척.

◎ 친척은 부모나 배우자와 혈연관계에 있는 사람을 가리켜요. 법률에서는 친족이라고 하며, 8촌 이내의 혈족, 4촌 이내의 인척, 배우자가 해당되지요.

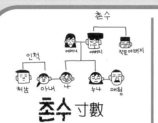

촌수 寸數

친척 사이의 멀고 가까운 정도를 나타내는 수. 또는 그런 관계.

◎ 부모 자식과 형제자매 사이는 촌수를 따지지 않지만 굳이 촌수를 계산한다면 나와 부모님은 1촌이랍니다. 나와 형제자매는 2촌이고요.

동서 同壻

시아주버니의 아내를 이르는 말. 시동생의 아내를 이르거나 부르는 말. 처형이나 처제의 남편을 이르는 말.

◎ 손아래 동서는 동서라고 부르지만 손위 동서의 경우는 형님이라고 불러요.

매형 妹兄

누나의 남편을 이르거나 부르는 말.
비슷한말 자형姉兄

◎ 여동생의 남편은 매제妹弟라고 불러요.

숙부 叔父

작은아버지. 아버지의 결혼한 남동생을 부르는 말.

◎ 작은어머니는 숙모叔母라고 불러요. 또 숙부가 여럿이 있을 때는 순서에 따라 첫째 작은아버지, 둘째 작은아버지, 셋째 작은아버지 등과 같이 부르면 돼요.

☑️ 어휘 확인!

① ☐☐이 워낙 누나를 살뜰히 아꼈기 때문에, 누나의 얼굴에 웃음꽃이 떠날 날이 없었어.

② 어릴 때부터 함께 산 정 때문인지 ☐☐와 숙모는 나를 친자식처럼 아껴 주셨어.

③ 우리 삼촌과 너네 이모가 결혼하면 우리는 ☐☐이 되는 거야.

④ 엄마랑 나랑 1촌이면, 엄마와 아빠는 ☐☐가 어떻게 돼요?

⑤ 우리 엄마는 숙모를 ☐☐라고 부르고 숙모는 엄마를 형님이라고 불러.

정답 : ①남동생 ②숙부 ③이종사촌 ④몇촌 ⑤동서

➤ 함께 알아두기 ◀

백부伯父　큰아버지. 아버지의 형을 부르는 말.
　　　　▶ 할아버지께서 돌아가신 후에는 **백부**께서 집안일을 관장하셔.

처제妻弟　아내의 여자 동생을 이르거나 부르는 말.
　　　　▶ 아내와 **처제**는 얼굴도 목소리도 성격도 닮았다.

제수씨弟嫂氏　남자 형제 사이에서 동생의 아내를 대접하여 이르거나 부르는 말.
　　　　▶ **제수씨**가 이리 마음 씀씀이도 고운 데다 미인이기까지 하니 너는 복도 많다.

제부弟夫　언니가 여동생의 남편을 이르거나 부르는 말.
　　　　▶ 여동생의 집들이 음식은 요리사인 **제부**가 준비했다.

21

1. 다음 뜻에 해당하는 말을 고르세요.

(1) 아들이 많은 집의 하나뿐인 딸
① 동서　② 제부　③ 유복자　④ 고명딸　⑤ 무남독녀

(2) 부부의 한쪽에서 본 다른 쪽
① 백부　② 숙부　③ 식구　④ 인척　⑤ 배우자

(3) 한 가족을 대표하고 책임지는 사람
① 가장　② 가계　③ 가업　④ 군식구　⑤ 조부모

2. 다음 밑줄 친 말 중에서 뜻하는 성별이 다른 하나를 고르세요.

① 내 아내와 처제는 우애가 좋아.

② 저 아이가 바로 제 여식입니다.

③ 그분은 누가 보아도 기품 있는 영애였어.

④ 제부가 딸을 얼마나 예뻐하던지, 눈에서 꿀이 떨어지는 줄 알았어.

⑤ 가난한 모친 슬하에서 고생하며 컸지만, 그는 반듯하게 잘 자라 주었다.

3. 비슷한말끼리 연결하세요.

가장　　　　•　　　　• 식솔
가솔　　　　•　　　　• 객식구
군식구　　　•　　　　• 한집안
작은어머니 •　　　　• 호주
일가　　　　•　　　　• 숙모

4. 〈보기〉 (1)과 (2)의 빈칸에 공통으로 들어갈 알맞은 말을 쓰세요.

───────── 〈보기〉 ─────────

(1) 죽은 사람이 남겨 놓은 재산, 즉 _____을 법에서는 '상속재산'이라고 한다. _____은 보통 자녀들에게 물려주지만, 사회봉사단체나 어려운 이웃에게 기부하는 경우도 종종 볼 수 있다.

(2) 유네스코(UNESCO)는 교육, 과학, 문화 등의 분야에서 국제적으로 협력함으로써 세계평화와 인류 발전을 이루기 위해 만들어진 유엔전문기구이다. 유네스코는 1972년부터 자연_____ 및 문화_____들을 발굴 및 보호, 보존하기 위해 힘쓰고 있다. 유네스코에서 지정한 한국의 세계_____에는 종묘, 석굴암과 불국사, 제주 화산섬과 용암 동굴, 이순신 장군의 『난중일기』 등이 있다.

5. 다음 밑줄 친 말 중에서 잘못 쓰인 호칭을 찾아 알맞게 고쳐 쓰세요.

우리 ① 매형은 누나에게는 다정다감하고 성실한 남편이다. 뿐만 아니라 형이 없는 나에게는 친형처럼 잘해 준다. 반면 매형과 ② 숙부 지간인 매제는 다소 무뚝뚝하고 말도 거의 없다. 하지만 차가워 보이는 겉모습과 달리 나를 은근 잘 챙겨 준다. 아빠의 형인 ③ 백부는 명절에 가족이 모일 때마다, 우리 엄마에게 "④ 제수씨, 사위들 성격이 정반대네요."라며 무척 신기해하신다.

6. 다음 각 문장에서 잘못 쓰인 단어를 찾아 알맞게 고치고, 그 이유를 쓰세요.

(1) 우리 선친께서 이번 생일 선물로 새 자전거를 사 주신댔어.

(2) 군식구가 모두 모여 모처럼 단란한 저녁 시간을 보냈다.

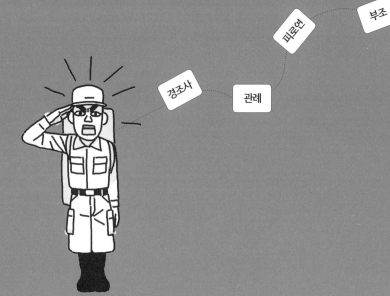

≡≡
제 2 장

의례

호된 신고식을
치르게 해 주마

개무식
수순
신고식
부조
피로연
경조사
관례

◤.

청소년 야구대회의 개막식은 식순과 의례에 따라 진행되었어. 곧바로 치른 첫 경기에서 우리 학교 선발투수가 홈런 두 개를 맞으며 호된 신고식을 치렀지. 다행히 9회말 역전에 성공해 분위기는 최고였어. 경기가 끝난 후 전날 개업식을 열었던 고기 집에서 조촐한 고기 파티를 열고 첫 승리를 자축했어.

누나의 결혼식은 우리 집안의 첫 혼사야. 매형 가족과 상견례를 하는데 내가 긴장이 되더라고. 누나와 매형은 전통 혼례를 치르고 싶다고 말씀드렸어. 예물은 결혼반지만 교환하고, 피로연은 생략하겠다고 했지. 양가 부모님 모두 흔쾌히 받아들이셔서 기분 좋게 마무리되었어.

중학교 때 담임 선생님의 부고를 전해 듣고 빈소가 마련된 고향으로 급히 달려갔어. 선생님의 영정을 보았는데도 죽음이 믿기지 않았어. 밤새 문상객들과 함께 선생님을 추모하였지. 유가족은 선생님의 뜻에 따라 부조금 전액을 형편이 어려운 학생들의 장학금으로 기부하기로 했대. 참 선생님다운 마지막 길이야.

요새는 경조사가 참 많아. 지난주에는 큰집에서 차례를 지냈고, 어제는 할아버지의 회갑이었어. 요즘은 60대가 되어도 노인이라 부르면 결례가 되는 시대라고 하지만 그래도 관례대로 온 친척이 모여 할아버지의 예순 번째 생신을 축하해드렸어.

예물

개업식

신고식

개막식

혼례

식순

예식 진행순서

1. 주례
2. 신랑입장
3. 신부 입장
4. 혼인서약
5. 피로연

혼사

피로연

상견례

추모

결례

관례

의례

부고

빈소

문상

경조사

부조

회갑

차례

의례 儀禮

행사를 치르는 일정한 형식과 절차. 또는 정해진 형식과 절차에 따라 치르는 행사. 비슷한말 의식儀式

➲ 출생, 성년, 결혼, 사망 등 사람이 살면서 새로운 상태로 넘어갈 때 겪어야 하는 의식을 통틀어 통과의례라고 해요. 『단군신화』의 곰이 동굴에서 쑥과 마늘만 먹은 뒤에야 웅녀로 변신할 수 있었던 것도 일종의 통과의례예요.

개업식 開業式

개업을 알리고 축하하기 위하여 하는 의식.

➲ 개업은 영업을 처음 시작한다는 뜻을 가지고 있어요. 그래서 사람들이 개업식에 갈 때는 주로 행운, 번창을 비는 화분을 선물하지요.

개막식 開幕式

일정 기간 동안 계속되는 대회, 공연, 행사를 처음 시작할 때 행하는 의식. 반대말 폐막식閉幕式

➲ 사람들에게 가장 널리 알려진 개막식은 올림픽 아닐까요? 각종 식전 행사와 공연, 선수단 입장, 성화 점화, 개막 선언 등으로 이뤄져 있어요.

신고식 申告式

어떤 집단이나 조직에 새로 온 사람이 원래 있던 사람들에게 자신을 알리는 의식 또는 절차.

➲ 신고식은 맡은 일을 처음 공식적으로 하는 것을 비유적으로 이를 때도 쓰여요. '그 선수는 데뷔전에서 팀을 승리로 이끄는 골을 넣으며 성공적인 신고식을 치렀다'와 같이 쓰이지요.

예식 진행순서
1 주례
2 신랑입장
3 신부 입장
4 혼인서약
5 피로연

식순 式順

의식을 진행하는 순서.

➲ 결혼식, 개막식 등 모든 의식에는 정해진 식순이 있지요. 그러나 행사의 성격이나 규모, 필요에 따라 추가하거나 생략할 수 있어요.

어휘 확인!

① 올해 프로야구 ☐☐☐은 관중으로 만원을 이뤄 뜨거운 야구 열기를 실감케 했어.

② 가정☐☐란 가정에서 지내는 여러 의식을 뜻하며, 관혼상제라고도 한대.

③ 입학 첫날부터 실수를 연발하며 호된 ☐☐☐을 치렀어.

④ 삼촌이 새로 식당을 시작하셔서 우리 엄마가 ☐☐☐ 선물로 작은 화분을 하나 보내드렸어.

⑤ 내가 결혼할 때에는 결혼 ☐☐에서 주례사는 생략하고 싶어. 지루하잖아.

 ➤ 함께 알아두기 ◀

약식略式   정식으로 절차를 갖추지 아니하고 간추린 의식이나 양식.
▶ 그 부부는 인근 교회를 빌려 **약식**으로 결혼식을 치르고, 결혼식 비용은 모두 어려운 이웃을 위해 기부하기로 했대.

준공식竣工式   공사를 마친 것을 축하하는 의식.
▶ 고척 돔경기장 **준공식**은 야구 팬으로서 매우 뜻깊은 행사였어.

개관식開館式   도서관, 영화관, 박물관, 회관 등의 기관이 설비를 차려 놓고 처음으로 문을 열 때 거행하는 의식.
▶ 우리 학교 체육관 **개관식**에서는 교장 선생님과 함께 학생회 임원들이 가위로 테이프를 잘랐어.

혼례 婚禮

성인 남녀가 부부가 됨을 알리는 의식. 혼인의 예절. 비슷한말 결혼식結婚式, 예식禮式

↪ 결혼식을 올리는 것을 비유적으로 이를 때 '화촉을 밝힌다'라고도 하지요. 화촉은 혼례 의식에 쓰이는 푸르고 붉은 빛깔의 초를 말해요.

혼사 婚事

혼인에 관한 일. 또는 혼인하는 일.

↪ 혼인은 남자와 여자가 부부가 되는 일을 뜻해요. 혼인할 기회나 자리는 혼삿길, 혼인을 하는 날은 혼삿날, 혼인에 대하여 오가는 말은 혼삿말 또는 혼담婚談이라고 한답니다.

상견례 相見禮

여러 사람들이 공식적으로 처음 만나 서로 인사하는 일. 결혼할 남녀의 부모나 가족이 처음 만나 서로 인사하는 일.

↪ 원래 상견례는 결혼식에서 신랑 신부가 서로에게 동등한 예를 갖추어 마주 보고 하는 인사를 뜻했다고 해요.

예물 禮物

결혼할 때 신랑과 신부가 주고받는 물건. 비슷한말 폐물幣物

↪ 고마움을 나타내거나 예의를 갖추기 위하여 보내는 돈이나 물건 또는 신부의 첫인사를 받은 시부모가 답례로 주는 물품도 예물이라고 해요.

피로연 披露宴

결혼이나 출생 등의 기쁜 일을 널리 알리기 위하여 베푸는 잔치.

↪ 부모님을 따라 결혼식장에 갔을 때, '피로연 장소는 1층'과 같은 문구를 본 적이 있나요? 피披는 알린다, 로露는 드러낸다는 뜻이에요. 즉, 기쁜 일을 사람들에게 널리 알리기 위해 베푸는 잔치가 피로연이지요.

어휘 확인!

① 전통 ☐☐에서 신부가 단장할 때 이마 가운데에 그리는 붉은 점을 곤지라고 해.

② 결혼식 ☐☐☐에서 신랑이 노래까지 한 자락 불러서 모든 사람들이 무척 흥겨워했어.

③ 나는 나중에 값비싼 결혼 ☐☐은 모두 생략하고, 반지만 하나씩 나눠 끼는 간소한 결혼을 할 거야.

④ 옛날에는 ☐☐를 치러야 비로소 어른으로 인정받았대.

⑤ 내일 1교시에 있을 1학년 신입생들과의 선후배 ☐☐☐ 자리에서 어떤 조언을 해야 할지 고민 중이야.

정답 ① 혼례 ② 피로연 ③ 예물 ④ 관례 ⑤ 상견례

 함께 알아두기

혼전婚前   결혼하여 부부가 되기 전.
▶ 결혼을 앞둔 젊은 청춘남녀에게 결혼에 뒤따르는 건강과 임신·출산, 육아, 생활상의 여러 문제 등에 대해 교육하는 것을 **혼전** 교육이라고 해.

하객賀客   축하해 주러 온 손님.
▶ 결혼식장의 손님은 **하객**이라고 하고, 장례식장의 손님은 조객 또는 조문객이라고 해야 해.

금혼식金婚式   결혼한 지 오십 년이 된 것을 기념하는 의식.
▶ 결혼 50주년을 기념하며 부부가 서로 금으로 된 선물을 주고받는 것을 **금혼식**이라고 한대.

추모 追慕

죽은 사람을 생각하고 그리워함.

◎ 위령慰靈은 죽은 사람의 영혼을 위로함, 추도追悼는 죽은 사람을 생각하여 슬퍼함이라는 뜻이 있어요. '위령 행사', '추도 모임'과 같이 쓰이지요.

문상 問喪

상갓집에 찾아가 애도의 뜻을 표현하여 상주를 위로함. 비슷한말 조문弔問

◎ 상喪은 잃다, 죽다, 망하다라는 뜻의 한자예요. 친족의 죽음을 추도하기 위하여 일정한 기간 동안 활동을 자제하고 몸가짐을 삼가는 일을 뜻해요.

부고 訃告

사람의 죽음을 알림. 또는 그런 글.

◎ 부고장에는 발인 일시, 발인 장소, 시신을 묻는 장지, 돌아가신 분의 가족 등을 적어 주위 사람들에게 보낸답니다.

빈소 殯所

장례식장이나 상갓집에서 발인 전까지 관을 놓아두는 곳.

◎ 분향소는 빈소 이외의 장소에 향을 피우고 고인의 명복을 빌 수 있도록 마련한 곳이에요. 빈소는 관이 있는 곳이므로 한 곳일 수밖에 없지만, 분향소는 관이 없는 곳에도 둘 수 있기 때문에 여러 곳일 수 있다는 차이가 있어요.

부조 扶助

잔칫집이나 상갓집에 돈이나 물건을 보내어 도와줌. 다른 사람을 거들어 도움.

◎ 부조에는 두 가지가 있어요. 축의금은 축하하는 마음으로 내는 돈이나 물건을 뜻하고, 반대로 조의금 또는 조위금은 남의 죽음을 슬퍼하는 마음으로 내는 돈을 뜻하지요.

✅ 어휘 확인!

① □□을 갈 때에는 상주를 위로한다는 의미에서 화려한 옷은 피하고 검정색, 감색 등 짙은 색의 옷을 입는 것이 좋아.

② 할아버지의 □□에는 종일 많은 사람들의 조문 행렬이 이어졌어.

③ 조선시대의 □□는 돈이 아니라 주로 음식이나 옷감과 같은 의례에 필요한 물품이었대.

④ 만해 한용운 선생의 서거 72주기를 맞아 □□제가 열렸어.

⑤ 지난달까지만 해도 건강하셨던 선생님의 □□를 들어서 너무 놀랐어.

정답 ① 문상 ② 조문 ③ 부조 ④ 추모 ⑤ 부고

➤ 함께 알아두기 ◀

상주喪主 부모나 조부모가 죽었을 때 주가 되어 장례를 치르는 사람.
▶ 대개 맏아들이 **상주** 역할을 하더라.

수의壽衣 시신을 씻긴 뒤에 입히는 옷.
▶ 김 여사는 삼베 **수의**를 입고 관에 편히 누운 남편의 얼굴을 한동안 응시하며 그의 마지막 길을 배웅했다.

발인發靷 시신을 장례식장에서 무덤이나 화장터로 옮김. 또는 그런 절차.
▶ **발인**을 앞두고 빈소에는 마지막 조문 행렬이 이어졌어.

명복冥福 죽은 뒤 저승에서 받는 복.
▶ 밤새도록 그들은 고인의 **명복**을 빌었어.

회갑回甲

사람이 태어난 지 만으로 60년이 되는 예순 번째 생일. 비슷한말 환갑還甲

▶ 예순한 살을 회갑, 일흔 살을 칠순, 여든 살을 팔순이라고 해요. 회갑에 치르는 잔치는 회갑연 또는 환갑잔치라 하고, 칠순에 치르는 잔치는 고희연이라고 불러요.

차례茶禮

추석이나 설날 등의 낮에 지내는 제사.

▶ 차례는 원래 간략한 제사로, 차를 올리는 예를 뜻해요. 그러나 시간이 흐르는 동안 차 대신 차례상에 술과 밥을 올리는 것으로 바뀌었어요.

경조사慶弔事

경사스러운 일과 불행한 일.

▶ 경조사를 챙길 때는 예절이 매우 중요해요. 결혼식과 조문을 갈 때는 각각에 맞는 옷차림과 인사, 부조금 등을 미리 준비하고 가는 것이 좋아요.

관례慣例

한 사회에서 오래전부터 반복적으로 전해 내려와 관습으로 굳어진 것.

▶ 동음이의어 관례冠禮는 옛날에 아이가 어른이 되는 것을 기념하던 식이었어요. 스무 살 성년이 되면 상투를 틀고 갓을 쓰게 했지요.

결례缺禮

예의범절에서 벗어나는 짓을 함. 또는 예의를 갖추지 못함. 비슷한말 실례失禮

▶ '수고하세요'는 '더 고생하세요'라는 뜻이에요. 따라서 나보다 나이가 많은 사람에게 쓴다면 결례가 될 수 있으니 조심해야 해요.

☑️ 어휘 확인!

① 밥과 국을 올리는 기제사와 달리 □□는 설날 떡국, 추석 송편처럼 비교적 가벼운 음식을 올리고, 그 절차도 간소한 것이 특징이야.

② 조선시대에는 60세 이상이면 장수를 뜻했기 때문에, 집안 어른의 만 60세 생일이 되면 친척과 친구들을 초대하여 □□연을 베풀었대.

③ 샘, 여기는 미국이 아니야. 너보다 나이 많은 사람에게는 존댓말을 하는 게 우리나라 □□야.

④ 그는 친구들의 □□□에 빠짐없이 참석해 기쁨과 슬픔을 함께했어.

⑤ 제가 부족하여 □□를 범했습니다. 용서하십시오.

①차례 ②회갑 ③예의 ④경조사 ⑤결례

 ▶ **함께 알아두기** ◀

목례目禮   눈짓으로 가볍게 하는 인사. 눈인사.
▶ 양국 대표는 입장하면서 가벼운 **목례**만 주고받았을 뿐 악수를 나누지는 않았다.

월례月例   다달이 하는 규칙이나 관례.
▶ 지금이야 집집마다 따뜻한 물이 펑펑 나오지만 예전에는 가족끼리 목욕탕에 가는 것이 **월례** 행사 중 하나였어.

선례先例   이전부터 있었던 사례.
▶ 안 좋은 **선례**를 남기면 너도나도 그렇게 히기 때문에 이번 일을 잘 처리하고 지나가야겠어.

1. 다음 뜻에 해당하는 말을 고르세요.

(1) 어떤 집단이나 조직에 새로 온 사람이 원래 있던 사람들에게 자신을 알리고 보고하는 의식 또는 절차
① 준공식 ② 금혼식 ③ 개관식 ④ 신고식 ⑤ 개업식

(2) 시신을 장례식장에서 무덤이나 화장터로 옮김. 또는 그런 절차
① 부조 ② 부고 ③ 발인 ④ 혼사 ⑤ 경조사

(3) 눈짓으로 가볍게 하는 인사. 눈인사
① 선례 ② 목례 ③ 결례 ④ 월례 ⑤ 상견례

2. 다음 중 성격이 <u>다른</u> 말을 고르세요.

① 수의 ② 상주 ③ 예물 ④ 추모 ⑤ 문상

3. 〈보기〉와 공통으로 관련된 말을 쓰세요.

〈보기〉 • 국수(를) 먹다   • 화촉을 밝히다   • 귀밑머리 마주 풀고 만나다

4. 비슷한말끼리 연결하세요.

문상   •   • 의식
혼삿말 •   • 혼담
혼례   •   • 폐물
예물   •   • 조문
의례   •   • 예식

5. 〈보기〉의 빈칸에 들어갈 알맞은 말을 쓰세요.

――――――― 〈보기〉 ―――――――

이번 달에는 유독 경조사가 많다. 어제는 20년 된 친구의 결혼식에 (1) _____으로 초대받아 결혼식장에 다녀왔다. 두 달 전에 신부와 신랑 측 부모님이 처음 만나 인사하는 (2) _____를 했다더니 그때 결혼 날짜를 잡았나 보다. 친구에게 (3) _____하기 위해 축의금을 냈다. 결혼식이 끝난 후에는 신부와 신랑이 베푸는 잔치인 (4) _____에 참석했는데 매우 흥겹고 즐거운 자리였다. 다음 주에는 아버지의 만 60세 생신인 (5) _____을 맞아 식구들과 조촐한 잔치를 한다.

6. 〈보기〉의 밑줄 친 ⓐ가 공통적으로 뜻하는 말을 ⓑ에 쓰세요.

――――――― 〈보기〉 ―――――――

애들아, 곰이 ⓐ <u>쑥과 마늘만 먹고 어두컴컴한 동굴에서 삼칠일을 지내서</u> 예쁜 여인이 된 이야기는 모두 알고 있지? 춘향이도 ⓐ <u>옥에 갇혀 모진 고문을 당한</u> 끝에 명예로운 어사의 아내가 되었고, 심청이도 ⓐ <u>깊고 깊은 바다에 빠진</u> 뒤 왕비가 되었지. 그걸 ___ⓑ___ 라고 한단다. 너희도 지금은 힘들지만 꿈을 향해 열심히 노력하다 보면 언젠가 자신이 꿈꾸던 자리에 와 있음을 깨닫게 될 거야.

제 3 장

의식주1

오지랖이 넓은 것도 병이다

$\Bumpeq$.

우리 할머니는 **삯바느질**로 자식들을 공부시키셨대. 지금도 손주들이 덮는 이불을 직접 **누비기도** 하셔. 가끔은 해진 옷을 **기워** 주시거나 손수 옷을 만들어 주시기까지 해. 만든 옷들을 보면 할머니의 **마름질**과 **감침질** 솜씨는 누구도 따라올 수 없을 것 같아.

설날 아침에 세배를 드리려고 한복을 입고 있었어. **바지저고리**를 입는데 그만 **옷고름**이 떨어졌더라고. 엄마가 터진 옷고름의 솔기를 꿰매고 **시접**을 접어서 고쳐 주셨어. 그런데 **오지랖** 넓은 내 동생이 옷고름 매는 걸 도와준다며 끼어들다가 다시 뜯어졌지 뭐야.

부엌을 보면 엄마가 음식을 만드시던 생각이 나. 사골은 **고아서** 곰국을 만들고, 숙주나물을 **데쳐서** 만두소를 만드셨지. 간장에 졸인 찜닭도 맛있었는데. **삭힌** 젓갈과 **절인** 배추로 김치도 담그셨지. 나는 부엌에 앉아서 간을 보라고 주시던 맛있는 음식들을 느긋하게 받아먹고 말이야.

내 동생은 온 가족의 사랑을 **독식**하고 있어. 같이 싸워도 늘 나만 혼나지. 너무 속상해서 이번에는 **식음**을 전폐하고 **단식**에 들어가려고 했어. 어떤 **산해진미**가 나오더라도 절대 먹지 않겠다고 다짐했지. 그런데 엄마가 **주식**으로 자주 만드시는 된장찌개 냄새에 숟가락을 다시 들었지 뭐야.

바지저고리

옷고름

오지랖

삿바느질

마름질

누비다

시접

솔기

깁다

감침질

졸이다

절이다

데치다

주식

단식

독식

삭히다

고다

맛족발

식음

산해진미

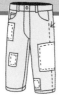

깁다

떨어지거나 해어진 곳에 다른 조각을 대거나 또는 그대로 꿰매다.

◎ 깁다는 글이나 책에서 내용의 부족한 점을 보충한다는 뜻도 있어요. '초판에서 부족했던 부분을 기워서 개정판을 냈다'와 같이 쓰이지요.

누비다

두 겹의 천 사이에 솜을 넣고 일정한 간격으로 바느질을 하여 한데 붙이다.

◎ '전국을 누비다'와 같이 마치 누비질하듯 이리저리 거침없이 다니거나 활동하는 것을 뜻하기도 해요.

마름질

천이나 나무 등의 재료를 일정한 모양이나 크기로 자르는 일.

비슷한말 재단裁斷

◎ 마름질은 먼저 옷감 위에 옷본을 배치하여 시침핀으로 옷본을 옷감에 고정한 뒤, 완성선을 표시하고 완성본 대로 옷감을 자르는 순서로 이루어져요.

감침질

바느질 방법의 하나로, 바느질감의 가장자리나 솔기가 풀리지 않도록 실을 용수철 모양으로 감아 꿰매는 일. 비슷한말 감치기

◎ 바느질법에는 감침질 외에도 홈질, 박음질, 상침질, 시침질, 새발뜨기, 공그르기, 휘갑치기 등이 있어요.

삯바느질

대가를 받고 하는 바느질.

◎ 삯은 일을 한 대가로 주는 돈이나 물건, 어떤 물건이나 시설을 이용하고 내는 돈을 뜻하는 말이에요.

✓️ 어휘 확인!

① 겨울이 되면 엄마는 솜을 넣어 두꺼운 이불을 ☐☐☐.

② 우리 할머니는 ☐☐☐☐을 하며 힘겹게 살림을 꾸려 나가셨대.

③ 재단사는 내 몸의 치수를 잰 후 옷감을 ☐☐☐하기 시작했다.

④ ☐☐☐이 다 풀어져서 옷이 너덜너덜해.

⑤ 신라시대의 음악가 백결선생이라는 이름은 누더기를 백 번이나 ☐☐ 입었다고 해서 붙여졌대.

정답 ①누빈다 ②삯바느질 ③재단 ④박음질 ⑤기워

➤ 함께 알아두기 ◀

땀	바느질을 할 때에, 실을 꿴 바늘이 한 번 들어갔다가 나온 자국. ▶ 이 옷이 바로 이탈리아 장인이 한 **땀** 한 **땀** 정성 들여 만든 명품이란 말이야.
재봉裁縫	옷감 등을 잘라서 바느질하는 일. ▶ 옷 만드는 공장에서 **재봉**을 할 사람을 모집하고 있다.
봉제縫製	재봉틀이나 손으로 바느질하여 옷, 인형 등을 만드는 일. ▶ 시골에서 올라온 그녀가 제일 먼저 취직한 공장은 동물 모양의 인형을 만드는 **봉제** 공장이었다.
직물織物	실을 기계로 엮어서 짠 물건. ▶ 옷의 **직물**에 따라 세탁 방법이 다르므로 옷을 세탁기에 넣기 전에 반드시 확인해 보아야 한다.

옷고름

저고리나 두루마기 앞에 기다랗게 달아 양쪽 옷깃을 여밀 수 있도록 한 헝겊 끈. 비슷한말 고름

💡 고려시대 말기 짧은 저고리가 유행하면서 옷고름이 생겼다고 해요. 옷고름은 옷자락을 여미는 실용적인 용도 외에도, 패션의 일부분으로 유행에 따라 짧아졌다가 길어졌다 혹은 얇아졌다가 두꺼워졌다 했어요.

오지랖

웃옷이나 윗도리에 입는 겉옷의 앞자락.

💡 '오지랖이 넓다'라는 말을 많이 쓰지요? 이 말은 웃옷의 앞자락이 넓으면 안에 있는 옷을 감싸 버리는 것처럼 무슨 일이나 말이든 간에 앞장서서 간섭하고 참견하고 다니는 것을 비유적으로 표현한 말이에요.

솔기

옷이나 이불 등을 만들 때, 두 장의 천을 실로 꿰매어 이어 놓은 부분. 비슷한말 봉합선縫合線

💡 봉제에서 필요한 솔기에는 옆솔기, 어깨솔기, 허리솔기가 있어요. 수눅은 버선의 솔기를 가리키는 말이에요.

시접

접혀서 옷 솔기의 속으로 들어간 부분.

💡 시접은 솔기에 따라서 각기 정해진 방향으로 꺾어요. 시접 분량 역시 옷감의 종류와 옷의 부위에 따라 다르답니다.

바지저고리

바지와 저고리를 아울러 이르는 말.

💡 바지저고리는 자기주장이나 능력이 전혀 없는 사람을 놀림조로 이르는 말이기도 해요. 솜을 넣어 지은 바지라는 뜻의 핫바지는 시골 사람이나 무식하고 어리석은 사람을 낮잡아 이르는 말로도 쓰여요.

어휘 확인!

① 설날 아침이 되면 세배를 드리기 위해 한복 □□□□□를 입어야 해.

② 순규야, 제발 □□□ 넓게 아무 일에나 끼어들지 좀 마.

③ 오늘은 박음질한 후에 □□ 처리하는 방법에 대해 알아보겠습니다.

④ 한복은 □□□을 매는 게 너무 힘들어.

⑤ 교복 바지의 □□가 터져서 체육복으로 갈아입고 수업을 들었어.

정답 : ①에서저고리 ②오지랖 ③시접 ④옷고름 ⑤솔기

➤ 함께 알아두기 ◀

길쌈
집에서 실을 뽑아 옷감을 짜는 일.
▶ 옛날에는 바느질이나 **길쌈**이 여자가 갖추어야 할 기본 덕목이었어.

백의민족
白衣民族
흰옷을 즐겨 입고 흰색을 숭상하는 오랜 전통에서 유래하여, '한민족'을 이르는 말.
▶ 우리 민족은 예로부터 흰옷을 즐겨 입어 **백의민족**이라고 불렸대.

착용着用
옷이나 신발 등을 입거나 신거나 함.
▶ 안전을 위해서 버스나 승용차를 탈 때에는 반드시 안전띠를 **착용**해야 해.

데치다

끓는 물에 넣어 살짝 익히다.

◎ 채소를 데치면 아삭한 식감과 향 그리고 영양 성분이 유지되면서도 부드러워지지요. 대부분의 경우 색도 더 선명해진답니다.

맛죽발

고다

고기나 뼈 따위를 무르거나 진액이 나오도록 끓는 물에 푹 삶다.

◎ 엿을 만들 때처럼 졸아서 진하게 엉기도록 끓인다는 뜻도 있어요.

삭히다

김치나 젓갈 등의 음식물을 발효시켜 맛이 알맞게 되게 하다.

◎ 삭이다와 삭히다는 모두 삭다에서 나온 동사예요. 그런데 삭히다는 음식물을 익혀서 맛을 들게 한다는 뜻으로만 쓰고, 음식물을 소화시킨다, 긴장이나 화를 풀리게 한다 등의 뜻은 모두 삭이다를 써요.

절이다

생선이나 야채 등에 소금기나 식초, 설탕 등이 배어들게 하다.

◎ 절이다와 헷갈리는 단어 중에 저리다가 있어요. 저리다는 살이나 뼈 등의 일부가 오래 눌려서 피가 통하지 못해 감각이 둔하게 된다는 뜻이에요.

졸이다

찌개, 국 등의 물을 줄어들게 하여 양이 적어지게 하다. 마음이나 가슴 속을 태우는 듯이 초조해하다.

◎ 조리다는 양념이 재료에 스며들도록 국물이 남지 않게 바짝 끓이는 것을 뜻해요. 따라서 고기와 생선은 조리다와 함께, 찌개와 국은 졸이다와 함께 쓰이는 것이 적합하지요.

✔️ 어휘 확인!

① 고기 국물을 충분히 우려내기 위해서는 소뼈를 오랫동안 □□□해.

② 시금치를 끓은 물에 살짝 □□□ 초록색이 더 선명해지는 것 같아.

③ 옛날에는 김장독을 땅에 파묻어 김치를 □□□.

④ 김치를 담그기 위해서는 배추를 소금에 □□□ 해.

⑤ 소고기를 간장에 넣고 오랫동안 □□□ 맛있는 소고기 장조림이 돼.

정답: ① 고아야 ② 데치면 ③ 삭혔다 ④ 절여야 ⑤ 졸이면

➤ 함께 알아두기 ◄

숙성熟成   식품 속의 단백질이나 탄수화물 등이 효소나 미생물의 작용에 의해 부패하지 않고 알맞게 분해되어 특유한 맛과 향기를 생성하는 일.
▶ 수제비 밀가루 반죽의 **숙성** 시간은 세 시간이 적당해.

발효醱酵   효모나 세균 등의 미생물이 지니고 있는 효소의 작용으로 유기물이 분해되어 알코올류, 유기산류, 이산화탄소 등을 생기게 하는 작용.
▶ 된장, 간장, 김치는 우리나라의 대표적인 **발효** 식품이야.

조미助味   음식의 맛을 좋아지게 함.
▶ 멸치, 새우, 표고버섯 등을 곱게 갈아 천연 **조미**료를 만들었다.

주식 主食

밥이나 빵과 같이 끼니에 주로 먹는 음식.

◎ 주식에 곁들여 먹는 음식이나 반찬을 부식副食이라고
해요.

단식 斷食

어떤 목적을 위하여 음식을 먹지 않음.

◎ 너무 오랜 기간 단식을 하면 저혈압, 저혈당, 통풍 등의
부작용이 있을 수 있어요.

독식 獨食

혼자서 먹음. 성과나 이익을 혼자서 다 차지함을
비유적으로 이르는 말.

◎ 독단, 독립, 독무대와 같이 독—은 한 사람의, 또는 혼자
사용한다는 뜻을 더하는 접두사예요.

식음 食飮

먹고 마심 또는 그런 일.

◎ 사람이 물을 마시지 않고 버틸 수 있는 시간은 3일이에
요. 물은 마시되 나머지 음식을 모두 끊는다면 최대 40일
정도 버틸 수 있다고 해요.

산해진미 山海珍味

산과 바다에서 나는 온갖 진귀한 재료로 차린 매
우 맛이 좋은 음식.

◎ 산해진미는 한자 그대로 산[山]과 바다[海]에서 나는 진
귀한 맛[珍味]을 나타내는 말로, 매우 맛있는 음식을 가리
킬 때 사용해요.

✔️ 어휘 확인!

① ☐☐보다는 꾸준한 운동과 식사량 조절이 다이어트에 더 도움이 돼.

② 한국 사람은 쌀이 ☐☐이지만 최근에는 빵을 더 많이 먹는 것 같아.

③ 철수는 여자 친구와 헤어진 후에 ☐☐을 전폐하고 앓아 누웠대.

④ 한국이 올림픽에서 양궁 금메달을 ☐☐했어.

⑤ 오늘 TV 요리 프로그램에서 소개한 음식은 ☐☐☐☐로 이름난 강진의 한정식이었어.

정답: ① 금식 ② 주식 ③ 음식 ④ 석권 ⑤ 진수성찬

➤ 함께 알아두기 ◀

포식飽食 배부르게 먹음.
▶ 고기 뷔페에서 돼지고기로 **포식**을 했어.

금식禁食 치료나 종교 또는 그 밖의 이유로 한동안 음식을 먹지 않음.
▶ 숙면을 취하려면 잠들기 세 시간 전부터 **금식**하는 것이 좋대.

결식缺食 끼니를 거름.
▶ 금요일마다 **결식** 아동들에게 식사를 제공하고 각종 밑반찬을 나누어 주는 봉사 활동을 하고 있어.

수작酬酌 서로 술잔을 주고받음.
▶ 그 사람과 자주 만나기는 하지만 **수작**을 나누지는 않아.

겸상兼床 두 사람 이상이 함께 음식을 먹을 수 있도록 차린 상.
▶ 어릴 때 할아버지와 **겸상**하는 것은 흔한 일이 아니었어.

1. 다음 뜻에 해당하는 말을 고르세요.

(1) 대가를 받고 하는 바느질
① 직물   ② 봉제   ③ 마름질   ④ 감침질   ⑤ 삯바느질

(2) 저고리나 두루마기 앞에 기다랗게 달아 양쪽 옷깃을 여밀 수 있도록 한 헝겊 끈
① 땀   ② 솔기   ③ 시접   ④ 옷고름   ⑤ 바지저고리

(3) 배부르게 먹음
① 독식   ② 포식   ③ 결식   ④ 단식   ⑤ 주식

2. 다음 밑줄 친 상황에 어울리는 말을 고르세요.

(1) 민우는 가만히 있지 않고 우리 반에서 일어난 <u>모든 일에 참여하는 것을 좋아해.</u>
① 착용   ② 길쌈   ③ 누비다   ④ 오지랖   ⑤ 백의민족

(2) 예전에는 겨울철에 김장을 하고 난 뒤에는 땅을 파서 항아리를 묻고, 그곳에 <u>김치를 저장하고 익혀 먹었지.</u> 그런데 지금은 김치냉장고가 그 역할을 대신하고 있어.
① 숙성   ② 발효   ③ 조미   ④ 식음   ⑤ 금식

3. 비슷한말끼리 연결하세요.

솔기   •   • 봉합선
백의민족 •   • 재단
마름질   •   • 한민족
감침질   •   • 감치기

4. 〈보기〉의 빈칸에 공통으로 들어갈 알맞은 말을 쓰세요.

───────── 〈보기〉 ─────────

두 겹의 옷감 사이에 솜을 넣고 줄줄이 홈질하여 만든 물건의 하나인 ____이불, ____버선과 같이 ____라는 명사에서 ____다라는 동사가 갈라져 나왔어요. 옷감을 두 겹으로 포개어 안팎을 만들고 그 사이에 솜을 두어 죽죽 줄이 지게 박는 바느질을 뜻하는 말이에요. 그러다가 그 뜻이 점차 확대되어 마치 ____질하듯 사람이 이리저리 거침없이 쏘다니는 것을 뜻하게 되었어요.

5. 다음 밑줄 친 말을 문맥에 맞게 고쳐 쓰세요.

(1) 어머니는 시금치를 끓는 물에 살짝 고았다.

(2) 우리 가족은 건강을 위해 오랫동안 밥을 부식으로 하는 아침 식사를 해오고 있다.

(3) 우리 학교에서는 유니세프를 지원하기 위해 학생회에서 주관해서 금식하는 어린이들을 위한 모금 활동을 하고 있다.

(4) 우리나라 사람들은 예로부터 흰옷을 즐겨 길쌈해서 백의민족이라고 불리게 되었다.

(5) 막걸리는 곡물을 삭여서 만드는 민속주이다.

≣

제 4 장

의식주2

문지방이 닳도록
드나들더군

침모

택지

사까래

주춧돌

난간

아랫목

사랑

卜.

나는 시골집 한옥에 얽힌 추억이 많아. 여름방학이면 **대청마루**에 누워서 할머니에게 옛날이야기 듣는 걸 좋아했었지. **처마**에서 떨어지는 빗방울이 **댓돌**에 부딪히며 내는 소리도 참 좋았고. 기둥과 **서까래**를 받친 **주춧돌**에 기대어 앉아 마당을 신나게 뛰어다니는 강아지랑 노는 것도 재미있었어.

지난 겨울방학 때 친척들이 다 모여 외할머니 집에 놀러갔었어. 외할머니 집은 **안채**와 바깥채가 나뉘어 있는 커다란 한옥이라서 우리 식구들이 놀러 가도 잘 곳이 많거든. 외할머니는 나만 보면 '난간에 기대지 마라, **문지방**을 밟지 말고 건너라, 밤에 손톱 깎지 마라.' 잔소리를 하시지만, 따뜻한 **아랫목**에서 할머니 무릎을 베고 누워서 듣는 '사랑 손님과 어머니' 이야기는 너무 재미있어.

한 곳에 꽤 오랫동안 **상주**해 살았는데 갑자기 재개발을 한다고 하더라고. 새로운 주거 공간을 알아봐야 하지만 시간이 너무 빠듯해서 일단 임시 **거처**를 알아봐야 하게 생겼어. **숙박** 시설에 오랫동안 머무를 수는 없잖아. 나는 **숙식**만 가능하면 되는데, 혹시 너희 집에서 일주일만 신세를 지면 안 될까?

부모님이 물려주신 **택지**가 있는 고향에 가 봤어. **가옥**은 별로 없어서 한적한데 엄청 화려한 **저택**들이 좀 있더라고. 어찌나 으리으리한지 **전당**인 줄 알았어. 그곳에 작은 집을 짓고 조용히 살고 싶어. 아, **사당**을 꼭 지어서 부모님의 신주를 그곳에 모셔 둘 거야.

상주

사랑

안채

전당

사당

택지

공사예정

난간

숙박

HOTEL

경비실

서까래

아랫목

처마

거처

가옥

주거

숙식

주춧돌

대청

댓돌

문지방

저택

서까래

한옥의 지붕을 만드는 데 받침이 되는, 지붕 끝에서 기둥까지 걸친 나무.

🔵 요즈음의 콘크리트 건물에서는 서까래를 볼 수 없어서 이제 서까래는 잊혀 가는 말 중의 하나가 되었어요.

대청大廳

한옥에서 몸채의 방과 방 사이에 있는 큰 마루.
비슷한말 대청마루大廳--

🔵 한옥에서, 방과 방 사이나 방 앞을 땅바닥으로부터 높이 떨어지게 하여 널빤지를 길고 평평하게 깐 공간을 가리켜요.

주춧돌

기둥 밑에 기초로 받쳐 놓은 돌. 비슷한말 초석礎石

🔵 초석은 주춧돌의 뜻도 있지만 어떤 사물의 기초를 비유적으로 이르는 말로도 쓰여요. '학문 발전의 초석이 되다'와 같이 쓰이지요.

댓돌

집채의 앞뒤에 오르내릴 수 있게 놓은 돌층계.
비슷한말 섬돌

🔵 댓돌은 집채의 처마 끝에서 물이 떨어지는 안쪽으로 조금 높게 돌려 가며 놓은 돌을 뜻하기도 해요. 여기에서 작은 힘이라도 끈기 있게 계속하면 큰일을 할 수 있다는 뜻의 관용어 '낙숫물이 댓돌을 뚫는다'가 나왔어요.

처마

지붕의, 바깥쪽으로 나와 있는 부분.

🔵 추녀는 네모지고 끝이 번쩍 들린, 처마의 네 귀에 있는 큰 서까래 또는 그 부분의 처마를 뜻해요. 얼굴이 못생긴 여자를 뜻하는 추녀醜女와는 동음이의어이니 헷갈리지 마세요.

☑️ 어휘 확인!

① 문화재의 지붕 □□□를 벌레가 갉아먹어서 부식이 되고 있대.

② □□에서 떨어지는 빗소리가 음악처럼 들려.

③ 꽃고무신 한 켤레가 □□ 위에 예쁘게 놓여 있었어.

④ 집을 짓는 인부들이 터를 닦고 □□□을 놓는 걸 봤어.

⑤ 할머니 집 □□마루에서 시원한 수박을 먹으며 더운 여름을 나던 기억이 생생해.

정답 : ① 기와 ② 처마 ③ 기단 ④ 머릿돌 ⑤ 쪽

➤ 함께 알아두기 ◄

디딤돌   디디고 오르내리도록 마루 아래나 뜰에 놓은 돌.
▶ 마당으로 들어서 **디딤돌**을 밟고 마루에 올라섰다.

머릿돌 건물을 지을 때에, 연월일 등을 새겨서 일정한 자리에 놓는 돌.
▶ 나는 우리 학교의 준공 연도가 1972년이라는 사실을 **머릿돌**을 보고 알았어.

기단基壇   건축물의 터를 반듯하게 다듬은 다음에 터보다 한 층 높게 쌓은 단.
▶ 돌로 된 **기단** 위에는 사자 네 마리가 조각되어 있었어.

쪽마루   건물의 바깥쪽 둘레를 감싸고 있는 기둥의 바깥쪽으로 덧붙여 달아 낸 마루.
▶ 할아버지는 **쪽마루**에 걸터앉아서 시원하게 물을 들이키셨다.

문지방 門地枋

방의 출입문이나 대문에서 문의 바깥쪽과 안쪽을 구분해 주는 문틀의 아래 부분.

◐ 문지방은 문의 양쪽 기둥 사이에 조금 높게 가로로 댄 나무예요. '문지방이 닳도록 드나든다'는 말은 그만큼 매우 자주 드나듦을 뜻하는 말이에요.

아랫목

온돌방에서 불을 때는 아궁이와 가까운 쪽의 방바닥. 비슷한말 구들목

◐ 온돌방에서 불을 때면 먼저 데워지는 가장 따뜻한 방바닥이 아랫목이고 반대로 나중에 데워져서 가장 차가운 방바닥을 윗목이라고 해요.

난간 欄杆

층계, 다리, 마루 등의 가장자리에 나무나 쇠로 만든 기둥을 이용해 일정한 간격으로 막아 세운 구조물.

◐ 난간은 다리, 계단 등에 설치하여 사람이 떨어지는 것을 방지하는 시설물을 가리켜요. 아파트의 발코니나 베란다가 난간 역할을 한다고 할 수 있어요.

안채

한 집 안에 안팎 두 채 이상의 집이 있을 때, 안에 있는 집채. 반대말 바깥채

◐ 한 집 안에 안팎 두 채 이상의 집이 있을 때, 밖에 있는 집을 바깥채라고 하고, 대문 안쪽에 있는 집은 행랑채 또는 문간채라고 해요. 그리고 본채와 별도로 지은 집은 별채라고 해요.

사랑 舍廊

집의 안채와 떨어져 있는, 주로 집안의 남자 주인이 머물며 손님을 맞이하는 곳.

◐ 옛날에는 사랑은 남자들이, 규방은 여자들이 거처하는 곳으로 구분해서 생활했다고 해요.

☑️ 어휘 확인!

① 손님이 찾아왔는지 ☐☐의 댓돌 위에는 신발 두 켤레가 놓여 있었어.

② 다리 ☐☐에 기대어 서서 강물이 흘러가는 것을 바라보고 있었어.

③ 재훈이는 서둘러 밖으로 나가려다가 ☐☐☐에 걸려 넘어졌다.

④ 우리 외할머니댁은 바깥채는 초가집이고 ☐☐는 기와집이야.

⑤ 할머니의 무릎을 베고 따뜻한 ☐☐☐에 누워 옛날 이야기를 듣던 때가 그리워.

➤ 함께 알아두기 ◀

뒤꼍 집 뒤에 있는 마당이나 뜰.
▶ 어린 시절에 고향집 **뒤꼍**에 있던 감나무 아래에서 만화책을 보던 기억이 나.

곳간庫間 식량이나 물건 등을 넣어 보관하는 창고.
▶ 가을이 되면 온갖 곡식들이 **곳간**에 가득 쌓였지.

사립문--門 나뭇가지를 엮어서 만든 문.
▶ 상도는 그녀의 집 **사립문** 밖에 서서 그녀가 나오기만을 기다렸다.

문간방門間房 대문 옆에 있는 작은 방.
▶ 신혼부부는 **문간방**에서 신혼 살림을 시작했다.

주거 住居

일정한 곳에 자리를 잡고 머물러 삶. 또는 그런 집. 비슷한 말 거주居住

➡ 주거지는 사람이 살고 있거나 살았던 곳을 뜻하고, 주거비는 집세나 수도 요금과 같이 집에서 살아가는 데 드는 비용을 뜻해요.

거처 居處

일정 기간 동안 자리를 잡고 머물러 사는 곳. 비슷한말 거소居所

➡ 거처는 주택뿐만 아니라 실제 사람이 사는 모든 곳을 가리켜요. 정부에서 인구주택총조사를 할 때도 주택은 물론 주택이 아니더라도 사람이 사는 모든 곳을 조사한답니다.

상주 常住

한 곳에 계속 머물러 있음.

➡ 상주인구는 한 지역에 주소를 두고 늘 거주하는 인구를 뜻해요. 일시적으로 머무르는 사람은 제외하고 일시적으로 없는 사람은 포함해요.

숙박 宿泊

여관이나 호텔 등에서 잠을 자고 머무름.

➡ 여행을 떠나면 숙박 시설을 알아봐야 하지요? 여관, 호텔, 여인숙, 콘도미니엄, 펜션, 모텔 등이 숙박 시설에 해당해요.

숙식 宿食

잠을 자고 먹음. 비슷한말 침식寢食

➡ 하루가 지나도 소화되지 않고 위장에 남아 있는 음식물도 숙식이라고 해요.

☑️ 어휘 확인!

① 이 지역은 ☐☐ 시설이 부족해서 여행객들이 많은 불편함을 겪어.

② 아빠는 대학에 다닐 때 서울에 ☐☐하면서 방학에만 고향인 시골에 내려갔대.

③ 재민이는 학비는 물론 ☐☐까지 제공하는 장학금을 받기 위해 열심히 공부하고 있어.

④ 현우는 ☐☐가 정해지지 않아서 친구의 집에서 며칠 묵기로 했어.

⑤ '새뜰마을 사업'은 정부가 지난해부터 도시와 농촌에 있는 낙후마을의 ☐☐ 환경을 개선하기 위해 추진해 온 사업이야.

정답 : ① 숙박 ② 하숙 ③ 숙식 ④ 숙소 ⑤ 주거

➤ 함께 알아두기 ◄

체류滯留　집을 떠나 어떤 곳에 가서 머물러 있음.
▶ 유럽에서 넉 달을 **체류**하면서도 스페인의 세비야를 가지 못한 것이 지금도 너무 아쉬워.

노숙露宿　길이나 공원 등 집 밖에서 잠을 잠.
▶ 열성 팬들이 콘서트 입장권을 구입하기 위해 공연장 주변에서 **노숙**까지 했대.

주택난住宅難　살 집이 모자라서 구하기 어려운 일.
▶ 사람들이 대도시로 모여들면서 **주택난**이 발생하고 있어.

투숙投宿　여관이나 호텔 등의 숙박 시설에서 묵음.
▶ 그는 기차를 놓쳐 여관에 **투숙**하여 하룻밤을 지내게 되었다.

61

가옥 家屋

사람이 사는 집.

◎ 우리나라의 한옥, 몽골의 게르, 브라질의 말로까, 인도네시아의 수상가옥 스틸트 등 전통 가옥은 각 지역의 기후와 지형, 생활양식에 따라 다양해요.

택지 宅地

집을 지을 땅.

◎ 동음이의어 택지擇地는 좋은 땅을 고른다는 뜻이에요.

저택 邸宅

규모가 아주 큰 집. 예전에, 왕후나 귀족의 집.

◎ 저택이라는 말에 규모가 크다는 뜻이 담겨 있는데 굳이 대저택이라고 쓸 필요는 없겠지요?

사당 祠堂

조상의 신주를 모셔 놓은 집.

◎ 신주神主는 죽은 사람의 이름을 나무에 새겨서 만든 조각, 즉 위패예요.

전당 殿堂

높고 크게 지은 화려한 집. 학문, 예술, 과학, 교육, 문화 등의 분야에서 가장 권위 있는 기관.

◎ 다양한 전시와 공연을 하는 '예술의 전당'에 가 본 적이 있나요? 여기에서의 전당은 분야에서 가장 영향력이 있거나 중심이 된다는 뜻이겠지요?

어휘 확인!

① 과거에 급제한 선비는 □□에 가서 절을 하며 조상의 은덕에 감사를 드렸대.

② 그는 궁궐 같은 □□에서 외롭게 혼자 살고 있어.

③ 그 지역은 대규모의 주택을 건설하기 위한 □□로 지정되었다.

④ 전주 한옥 마을은 우리나라 전통 □□의 아름다움이 제대로 살아 있더라고.

⑤ 우리 방학을 맞이한 기념으로 예술의□□에서 멋진 음악 공연을 관람하자.

정답: ① 사당 ② 저택 ③ 택지 ④ 가옥 ⑤ 전당

▶ 함께 알아두기 ◀

법당法堂   절의 가장 중심이 되는 곳으로, 불상을 놓고 불교의 이치를 가르치는 장소.
> ▶ **법당** 안에는 스님이 염불을 외고 있었고, 신도들이 조용히 엎드려 절을 하고 있었어.

망루望樓   적의 움직임이나 주위를 살피기 위해 높이 세워 놓은 다락집.
> ▶ 적이 쳐들어 올 때를 대비하여 흙과 나무를 쌓아 성 외곽에 **망루**를 만들었대.

축사畜舍   가축을 안에 두고 기르는 건물.
> ▶ 그는 소를 기르기 위해 마을 바깥쪽에 **축사**를 지었다.

1. 다음 뜻에 해당하는 말을 고르세요.

(1) 일정 기간 동안 자리를 잡고 머물러 사는 곳
① 저택　② 거처　③ 가옥　④ 노숙　⑤ 숙박

(2) 한 곳에 계속 머물러 있음
① 상주　② 숙식　③ 뒤꼍　④ 체류　⑤ 투숙

(3) 식량이나 물건 등을 넣어 보관하는 창고
① 곳간　② 택지　③ 법당　④ 망루　⑤ 축사

2. 비슷한말끼리 연결하세요.

주거　•　　　　• 대청마루
거처　•　　　　• 거주
대청　•　　　　• 거소
댓돌　•　　　　• 섬돌

3. 다음 밑줄 친 말 중에서 적절하지 않은 것을 고르세요.

① 우리 가족은 여행을 가면 항상 민박집에 노숙하였다.

② 제삿날이면 조상을 모셔 놓은 큰집의 사당에서 절을 올렸다.

③ 규진이는 따뜻한 아랫목을 독차지하고 누워 행복한 얼굴로 잠들어 있었다.

④ 할머니는 집에 손님이 오면 할아버지가 머무르시는 사랑에 머무르게 하셨다.

⑤ '곳간에서 인심 난다'는 말이 있다. 내 형편이 좋아야 남을 챙길 마음도 생기는 법이다.

4. 〈보기〉의 밑줄 친 말과 바꿔 쓸 수 있는 말을 쓰세요.

───────── 〈보기〉 ─────────

(1) 책은 생각의 깊이를 더하고 사람을 사람답게 하는 가치와 문화를 창조하는 <u>주춧돌</u>이다.

(2) <u>행랑채</u>는 대문 안쪽에 있는 집채를 뜻한다. 보통 대문을 중심으로 하인들이 쓰는 방, 마구간, 곳간 등으로 이루어져 있고, 주택의 경계선에 따라 세워지는 경우가 많았다. 행랑채는 일반 주택뿐만 아니라 조선시대의 궁전이나 관아에도 있었으며, 주로 심부름을 하는 사람들이 살거나 각종 창고로 이용되었다.

5. 다음 빈칸에 공통으로 들어갈 알맞은 말을 〈보기〉에서 찾아 쓰세요.

〈보기〉	• 처마 • 기단 • 망루 • 난간 • 디딤돌

(1) 한옥에서 서까래와 함께 지붕의 바깥쪽으로 나와 있는 _____는 다른 나라에서 볼 수 없는 건축 구조이다. 긴 _____는 외적 아름다움뿐 아니라 기능적인 면에서도 뛰어나다. 한여름에는 강한 빛을 가리고, 비나 눈으로부터 건물을 보호한다. 그리고 겨울에는 집안 깊숙이 볕이 들어오도록 돕는다.

(2) 툇마루나 누마루의 경우 추락을 방지하기 위해 _____을 두른다. 기둥보다 더 나가 누를 감싸고도는 마루는 함헌이라고 하는데 보통 그 끝에 _____이 설치된다. 툇마루의 경우는 동선을 유도하기 위해 _____을 두르는 경우도 있다.

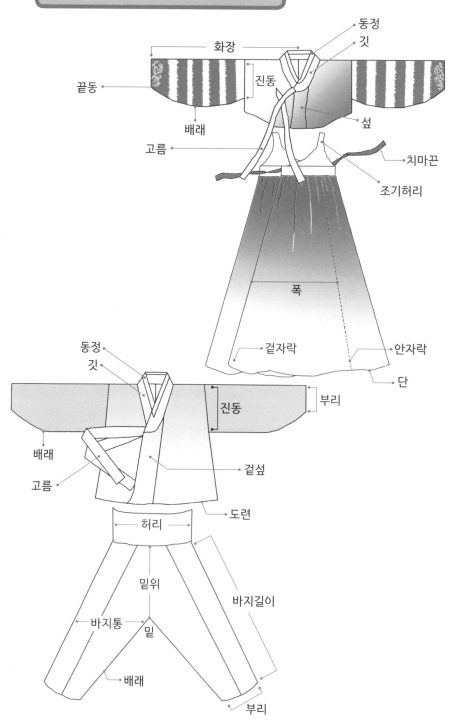

동정
깃
화장
진동
끝동
섶
배래
고름
치마끈
조기허리
폭
겉자락
안자락
단

동정
깃
진동
부리
배래
겉섶
고름
도련
허리
밑위
바지길이
바지통
밑
배래
부리

더 알아두기 +++ 한옥의 구조

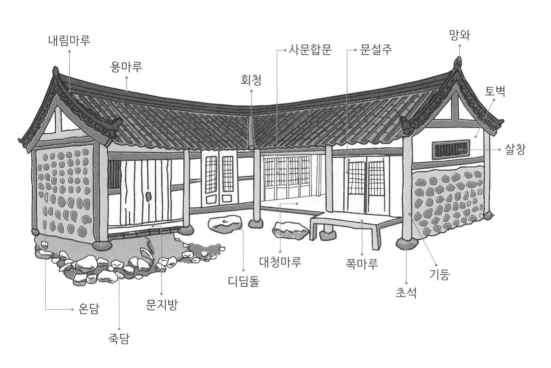

내림마루
용마루
회청
사문합문
문설주
망와
토벽
살창
대청마루
쪽마루
기둥
초석
디딤돌
문지방
온담
죽담

제 5 장

종착역

통학

복합역

항로

통신망

정보화 광역

교통과 통신

우리 집에서 학교까지
도보로 5분 거리야

.

반 친구들의 **통학** 방법을 조사해 봤어. **도보**, 자전거, 버스 중에 버스가 가장 많더라고. 우리 학교가 바로 **종착역** 근처에 있어서 이 구간을 **운행**하는 버스가 편리했던 거지. 재미있는 건 버스가 도로에서는 쌩쌩 잘 달리는데, 내리는 학생들이 많아서 정작 **승하차**할 때 가장 혼잡하대.

가끔 장래희망인 승무원이 되어 비행을 하는 모습을 상상하곤 해. 일단 항공 **노선**은 인천을 **기점**으로 파리를 **경유**하는 유럽행. 난 비행기의 **이착륙**에 맞춰 승객들에게 안내 방송을 하고, 비행기가 **항로**에 접어들면 음료 서비스를 시작하는 거야. 내 모습, 생각만 해도 멋지지 않아?

동서양의 활발한 **교역**이 이뤄졌던 비단길 알아? 지금은 항공로가 **개통**되어 빠른 시간에 물자 **운송**이 가능하지만 예전엔 많아야 1년에 10번 왕래할 수 있었대. 일일 **생활권**이 익숙한 우리로서는 상상이 안 가는 이야기지. 비단길에서는 비단 말고도 도자기, 후추, 양탄자 등이 **유통**되었대.

외국인들이 뽑은 우리나라의 놀라운 점 1위는 쉽고 빠른 **통신망**이래. 우리나라는 **광역** 도시뿐만 아니라 구석구석 **정보화**가 잘 되어 있잖아. 그래서 인터넷으로 누구보다 **속보**를 빠르게 접할 수 있지. SNS도 편리하게 이용할 수 있지만, 개인 정보가 인터넷상에 **유포**되는 건 조심해야 해.

유포

통학

속보

통신망

유통

운송

교역

기점

도보

정보화

BBS

폭염주의보

개통　　승하차

노선

01　　여기↔저기

축 개통

여기↔저기

항로

생활권

경유

종착역

서울역

운행

부산역

KTX

광역

인천광역시

대전광역시

대구광역시

울산광역시

광주광역시　부산광역시

이착륙

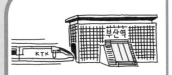

종착역 終着驛

기차나 전차 등이 마지막으로 도착하는 역.

반대말 시발역始發驛

◎ 종점, 터미널은 기차, 버스, 항공 등을 운행하는 일정한 구간의 맨 끝이 되는 곳을 말해요. 우리가 흔히 쓰는 터미널 대신 종점으로 순화하여 쓰도록 하고 있어요.

도보 徒步

자전거나 자동차 등의 탈것을 타지 않고 걸어감.

비슷한말 걷기, 걸음, 보행步行

◎ 무전여행無錢旅行은 여행에 드는 비용이 없이 길을 떠나 얻어먹으면서 다니는 여행이고, 도보 여행은 탈것을 타지 않고 온전히 걸음으로 다니는 여행이에요.

통학 通學

집에서 학교까지 오가며 다님.

◎ 통근은 집에서 직장에 일하러 다닌다는 뜻이고, 통원은 입원하지 않고 집에서 병원으로 치료를 받으러 다닌다는 뜻이에요.

승하차 乘下車

차를 타거나 차에서 내림.

◎ 승하차는 승차와 하차를 통틀어 이르는 말이에요. 이렇게 통틀어 이르는 말을 우리 일상에서 많이 쓰고 있지요? 상하수도, 입출금 등이 그 예랍니다.

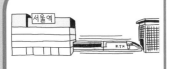

운행 運行

정해진 길을 따라 자동차나 열차 등이 다님.

◎ 운행은 '천체의 운행'과 같이 우주에 있는 물체가 궤도를 따라 움직인다는 뜻도 있어요.

☑ 어휘 확인!

① 오늘부터는 □□로 학교에 가기로 했어.

② 이 마을은 버스 □□을 하루에 네 번밖에 하지 않아.

③ □□□ 시에는 차례차례 질서를 지켜 주시기 바랍니다.

④ 학교 근처로 이사를 오니까 □□ 시간이 줄어들어서 지각 걱정은 안 해도 되겠어.

⑤ □□□에 도착했다는 안내 방송이 나오자 승객들이 모두 기차에서 내렸어.

정답 : ①승차 ②운행 ③승차 ④등교 ⑤종착역

▶ 함께 알아두기 ◀

승선乘船
배를 탐.

▶ **승선** 절차를 마치려면 한 시간은 걸린대.

승합차乘合車
많은 사람을 태울 수 있는 대형 자동차.

▶ 두 가족이 함께 **승합차**를 타고 여행을 떠났다.

승강장乘降場
정거장이나 역에서 버스나 기차 등을 타고 내리는 곳.

▶ 설날, 고향에 내려가려는 사람들로 **승강장**이 붐볐다.

이정표里程標
주로 도로 상에서 어느 곳까지의 거리 및 방향을 알려 주는 표지.

▶ **이정표**가 있으면 모르는 길도 쉽게 찾을 수 있어.

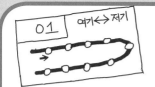

노선 路線

버스, 기차, 비행기 등이 정기적으로 오가는 일정한 두 지점 사이의 정해진 길.

💠 노선은 '정치 노선', '다른 노선을 걷다'와 같이 목표를 이루기 위해 따르는 견해나 행동의 지침이라는 뜻도 있어요.

기점 起點

어떠한 것이 처음으로 일어나거나 시작되는 곳.

비슷한말 시점始點, 출발점出發點, 시작점始作點

💠 분기점分岐點은 한 길로 이어져 있던 도로나 길이 여러 갈래로 나누어지는 곳을 말해요. '인생의 분기점'과 같이 어떤 일에 있어 새로운 방향으로 나아갈 수 있는 중요한 시점이나 시기를 뜻하기도 하지요.

항로 航路

배가 바다에서 다니는 길 혹은 항공기가 공중에서 다니는 길.

💠 배와 항공기가 다니는 길을 모두 항로라고 하는 것이 헷갈리나요? 그럼 배가 다니는 길은 뱃길, 항공기가 통행하는 길은 항공로라고 하면 된답니다.

이착륙 離着陸

이륙과 착륙을 통틀어 이르는 말로 비행기나 헬리콥터 등이 땅에서 뜨거나 땅에 내림.

💠 륙陸은 뭍, 땅, 육지라는 뜻을 가진 한자예요. 땅에서 떼어 놓는 것이 이륙이고, 땅에 붙는 것이 착륙이지요.

경유 經由

어떤 곳을 거쳐 지남. 사무의 절차에서 어떤 부서를 거쳐감.

💠 경유지는 목적지에 가는 도중 들르거나 지나가는 곳을 말해요. 여러분은 집에 가는 길에 어디를 경유하나요?

✅ 어휘 확인!

① 이 사건을 ☐☐으로 우리나라 시민 의식이 성숙해졌으면 좋겠어.

② 비행기 고장으로 인해 ☐☐를 벗어나는 위험에 처했지만 기장과 승무원들의 빠른 대처로 안전할 수 있었어.

③ 폭설로 인해 인천공항에 비행기 ☐☐☐이 어려워졌지 뭐야. 그래서 가까운 김포공항으로 착륙할 수밖에 없었어.

④ 이번 여행은 홍콩을 ☐☐하여 싱가포르까지 갈 예정이야.

⑤ 선거 전에 각 정당의 정치 ☐☐을 꼼꼼하게 점검해야 한다고 하셨어.

➤ 함께 알아두기 ◀

육로陸路　　땅 위로 난 길.
　　　　　　▶ 예전에는 **육로**를 이용하여 무역을 해서 시간이 많이 걸렸다.

교량橋梁　　강이나 바다를 사람이나 차가 건널 수 있게 만든 다리.
　　　　　　▶ 육지에서 바다를 잇는 **교량** 공사가 한창이다.

횡단橫斷　　도로나 강 등을 가로 방향으로 지남. 가로 방향으로 끊거나 자름.
　　　　　　▶ 도로에서는 무단 **횡단**을 하지 맙시다.

이탈離脫　　어떤 범위나 줄, 기준 등에서 떨어져 나오거나 떨어져 나감.
　　　　　　▶ 항로를 **이탈**한 선박이 암초에 부딪히고 말았다.

유통 流通

화폐나 물품 등이 널리 쓰임. 상품이 생산자에게서 소비자에 이르기까지 여러 단계에서 거래되는 활동. 공기 등이 막힘없이 흐름.

○ 유통기한은 주로 식품과 같이 시간이 지나면 상하거나 변질되는 종류의 상품이 시중에 유통될 수 있는 기한을 말해요.

개통 開通

길, 다리, 철로, 전화 등을 완성하거나 연결하여 이용할 수 있게 함. 반대말 불통不通

○ 소식불통은 원래 알고 있던 사람이나 사건에 관한 소식이 끊기거나 어떤 일이나 사정을 전혀 모를 때 사용하는 말이에요.

운송 運送

사람을 태워 보내거나 물건 등을 실어 보냄.
비슷한말 통운通運

○ 운송 수단은 기차, 자동차, 배, 비행기 등 사람을 태워 보내거나 물건을 실어 보내는 방법이나 도구를 말해요.

교역 交易

주로 나라와 나라 사이에서 물건을 사고팔고 하여 서로 바꿈. 비슷한말 맞무역-貿易

○ 교역은 나라 간의 교환을 말하고 무역은 나라 간의 교환뿐만 아니라 지역 간의 교환을 포함하는 말이에요.

생활권 生活圈

통근, 쇼핑, 오락 등의 일상생활을 하면서 활동하는 범위.

○ 일일생활권은 하루 동안 볼일을 끝내고 되돌아올 수 있는 거리 안에 있는 범위를 말해요. 교통이 발달할수록 일일생활권의 범위는 넓어지겠지요?

✅ 어휘 확인!

① 우리나라는 일본과 오랫동안 ☐☐을 해 왔어.

② 폭우로 인해 철로가 떠내려가서 생필품 ☐☐에 차질이 생겼대.

③ 조선시대 후기부터 화폐 ☐☐이 활발히 이루어졌대.

④ 우리 동네에 새로운 도로가 ☐☐된 덕분에 교통 정체가 많이 해소되었어.

⑤ 교통의 발달로 현대 사회의 ☐☐☐이 매우 넓어졌어.

정답 : ① 교류 ② 운송 ③ 유통 ④ 개통 ⑤ 생활권

➤ 함께 알아두기 ◀

운수運輸 운송이나 운반보다 큰 규모로 사람을 태워 나르거나 물건을 실어 나름.
▶ 우리 아빠는 **운수** 사업 종사자이십니다.

운임運賃 사람을 태워 보내거나 물건을 실어 보내는 일에 대한 보수로 주거나 받는 돈.
▶ 지하철은 거리에 따라 **운임**을 다르게 내야 한다.

체증滯症 교통 흐름이 순조롭지 못하고 길이 막히는 상태.
▶ 교통 **체증**을 해결할 컴퓨터 프로그램을 개발 중이래.

정체停滯 움직임이 원활하지 못하고 한자리에 머무름. 또는 그 상태.
▶ **정체**가 심한 도로 위에서 두 시간이나 운전을 했다.

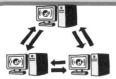

통신망 通信網

통신사나 신문사 등에서, 여러 곳에 사람을 보내 본사와 연락하도록 짜 놓은 연락 체계.

◎ 통신망은 전화선이나 송신탑, 수신탑과 같은 통신 설비를 설치해 두고, 유선·무선 전화를 이용하여 정보나 의사를 주고받을 수 있는 연락 체계라는 뜻도 있어요.

정보화 情報化

지식과 자료 등을 정보의 형태로 만들어 가치를 높임.

◎ 정보화사회는 정보가 중요한 자원이 되어 가치를 만들어 내고 사회나 경제를 이끌어 가는 사회를 말해요.

광역 廣域

넓은 구역이나 범위.

◎ 큰 도시와 그 근처의 작은 시와 군을 포함하는 하나의 넓은 행정 단위를 광역시라고 하지요. 우리나라 도시 중 부산, 대구, 인천, 광주, 대전, 울산이 광역시에 해당합니다.

속보 速報

신문이나 방송에서 어떤 소식을 급히 알림. 또는 그런 보도.

◎ 일반적으로 대중매체를 통해 일반 사람들에게 소식을 알리는 일은 보도報道라고 하지요. 속보는 그것보다 더 긴급하게 빨리 알리는 소식을 말해요.

유포 流布

세상에 널리 퍼짐. 또는 세상에 널리 퍼뜨림.

◎ 유언비어流言蜚語는 확실한 근거 없이 퍼진 소문을 말해요. 유언비어를 유포하면 처벌을 받을 수 있으니 근거 없는 소문은 내지 않는 게 좋아요.

어휘 확인!

① 도시 개발 계획에 따라 ☐☐ 개발 권역이 정해졌다.

② 정규방송 중, 갑자기 비행기 추락 사고를 알리는 뉴스 ☐☐가 나왔어.

③ 학교에서 유언비어를 ☐☐한 학생을 찾아 처벌하기로 했대.

④ ☐☐☐사회는 생산되는 정보의 양이 매우 많아. 하지만 이 모든 정보가 유익하다고는 할 수 없어.

⑤ 초고속 ☐☐☐ 덕분에 웬만한 게임은 PC방에 가지 않고도 할 수 있어.

정답 ① 구역 ② 속보 ③ 유포 ④ 정보화 ⑤ 통신망

➤ 함께 알아두기 ◀

통고通告   어떤 사실이나 소식을 글이나 말로 전하여 알림.
▶ 집주인으로부터 갑자기 집을 비우라는 **통고**를 받고 고민했어.

소식통消息通   새로운 소식이나 어떤 일의 사정을 잘 아는 사람. 소식이 전해지는 길이나 과정.
▶ 민지는 우리 반의 **소식통**이야.

통신원通信員   신문사나 방송국 등에서, 지방이나 외국에 보내져 그곳의 소식을 본사에 전하는 사람.
▶ 신문사에서는 각 나라별로 **통신원**을 파견하여 해외 소식을 보도한다.

회선回線   통신이 가능하도록 설치된 선.
▶ 이곳은 전용 **회선**을 여러 개 설치해서 인터넷 사용에 어려움이 없어.

1. 다음 뜻에 해당하는 말을 고르세요.

(1) 배를 탐
① 탑승   ② 승선   ③ 승하차   ④ 승합차   ⑤ 승강장

(2) 신문이나 방송에서 어떤 소식을 급히 알림. 또는 그런 보도
① 노선   ② 광역   ③ 개통   ④ 유통   ⑤ 속보

(3) 어떤 범위나 줄, 기준 등에서 떨어져 나오거나 떨어져 나감
① 교통   ② 불통   ③ 이탈   ④ 회선   ⑤ 체증

2. 다음 빈칸에 들어갈 알맞은 말을 〈보기〉에서 찾아 쓰세요.

〈보기〉	• 운임 • 운행 • 항로 • 생활권

국토 교통부는 최근 자율 주행차 _____을 허가하기 위한 절차를 마련했다. 자율 주행차란, 차량을 운전자가 직접 운전하지 않고 스스로 도로에서 달리게 하는 차를 말한다. 세계적으로 친환경차 개발과 더불어 차세대 자동차의 개발 방향으로 주목받고 있다. 자율 주행차는 이미 독일이나 일본 등에서 개발되어 시장에 선보이고 있으며 무엇보다 안전성을 입증하는 것이 중요하다.

3. 비슷한말끼리 연결하세요.

교역   •   • 도보
기점   •   • 맞무역
운송   •   • 시점
걷기   •   • 통운

4. 다음 열쇳말을 보고 십자말풀이를 완성하세요.

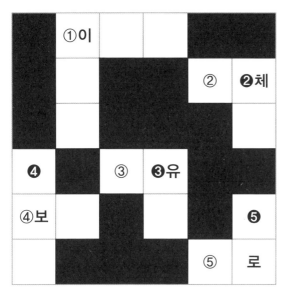

〈가로 열쇠〉

① 주로 도로 상에서 어느 곳까지의 거리 및 방향을 알려 주는 표지

② 움직임이 원활하지 못함

③ 어떤 곳을 거쳐 지남

④ 대중매체를 통해 사람들에게 알리는 소식

⑤ 땅 위로 난 길

〈세로 열쇠〉

❶ 이륙과 착륙을 통틀어 이르는 말

❷ 교통 흐름이 순조롭지 못하고 길이 막히는 상태

❸ 세상에 널리 퍼짐

❹ 지식과 자료 등을 정보의 형태로 만들어 가치를 높임

❺ 배나 항공기가 다니는 길

☰

제 6 장

날씨

이열치열로
더위를 극복하자

$\blacktriangleright$.

기상 예보에 국지성 **호우**가 자주 등장하고 있어. 매우 짧은 시간에 좁은 지역에서 내리는 비 말이야. 저기압 전선과 고기압 **전선**의 강한 충돌 때문이라고도 하고, 지구온난화로 인한 기후 변화 때문이라고도 하더라고. **한류**는 오히려 사막을 만드는 역할을 한대.

우리는 **풍토**와 병의 관련성을 연구하기 위해 배를 타고 섬으로 가기로 했지. 항해는 순조로웠어. 설치한 **풍향**계를 보니 **열풍**이 불긴 했지만 순풍이었거든. 그런데 저녁쯤 심한 **역풍**이 불기 시작하더니 풍랑이 배를 덮치더라고. 그 순간 죽을 수도 있다는 생각이 들어서 정말 무서웠어.

우리나라는 이제 긴 여름과 긴 겨울 두 계절만 있는 것 같아. 여름철에는 짧은 기간에 내린 비로 **강수량**이 엄청나. 겨울에는 마치 **건기**처럼 건조한 데다 **한파**가 심해졌어. 때로는 **폭설**이 내려 교통이 마비되기도 해. 예전에는 **절기**만 보고도 날씨와 계절을 예측했다는데 이젠 종잡을 수가 없어.

이 **폭염**과 **삼복더위**가 언제까지 계속될지 기상청도 예측하지 못하더라고. 어떻게 **궂은** 날 한 번 없이 햇볕만 쨍쨍 내리쬘 수 있지? 이럴 땐 삼계탕을 먹으며 차라리 땀을 내야겠어. **이열치열**이라고 하잖아. 이렇게 견디다 보면 어느새 선선한 가을이 오고 **동장군**이 우리를 맞이하겠지.

삼복더위

풍향

폭염

이열치열

동장군

한파

절기

폭설

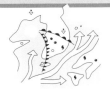

기상 氣象

대기 중에서 일어나는 현상을 통틀어 이르는 말. 바람, 구름, 비, 눈, 더위, 추위 등을 가리킴.

비슷한말 날씨

➡ 기후는 일정한 지역에서 여러 해에 걸쳐 나타나는 기온, 비, 눈, 바람 등의 평균 상태를 뜻한다는 점에서 기상과 차이가 있어요.

호우 豪雨

오랜 시간 줄기차게 내리는 크고 많은 비.

비슷한말 큰비, 심우甚雨

➡ 갑자기 세차게 쏟아지는 비는 폭우라고 해요. 가랑비, 보슬비 등 비가 어떻게 내리는지에 따라 부르는 말이 달라져요.

온난화 溫暖化

지구의 기온이 높아지는 일.

비슷한말 지구온난화地球溫暖化

➡ 날씨나 기후가 따뜻한 것을 온난이라고 해요. 온난화는 날씨나 기후가 따뜻해져서 지구의 기온이 높아지는 것을 뜻해요. 온난화의 주범은 석유, 천연가스 등에서 배출되는 이산화탄소예요.

전선 前線

성질이 다른 두 기단의 경계면이 지표와 만나는 선. 직접 뛰어든 활동 분야. 전투나 싸움이 벌어지는 맨 앞 지역.

➡ 최전선最前線은 어떤 일이나 행동에 앞장서는 자리, 적군과 가장 가깝게 맞선 지역을 뜻하는 말이에요.

한류 寒流

극에 가까운 지역에서 적도 쪽으로 흐르는, 온도가 낮은 바닷물의 흐름.

➡ 우리나라의 대중문화 요소가 외국에서 유행하는 현상을 이야기하는 한류韓流와는 동음이의어이니 구분해서 사용해야 해요.

어휘 확인!

① □□와 난류가 만나는 지점에서 물고기가 많이 잡힌대.

② 일기예보에서 서울에 오후부터 □□주의보가 발령된 가운데 시간 당 30밀리미터가 넘는 비가 내린다고 했어.

③ 지구온난화 현상으로 세계 곳곳에서 □□이변이 일어나고 있대. 우리나라 역시 한겨울인데도 이상 고온 현상이 발생하고 있잖아.

④ 장마 □□의 영향으로 며칠째 비가 오고 있어.

⑤ 지구□□□를 해결하기 위해서는 숲을 많이 만들어야 해. 왜냐하면 숲은 이산화탄소를 산소로 바꿔 주기 때문이야.

> ➤ 함께 알아두기 ◀

우레	대기 중에서 매우 큰 소리와 번개가 함께 나타나는 현상. ▶ 발표가 끝나자마자 반 친구들이 **우레**와 같이 박수를 쳤어.
대기大氣	지구를 둘러싸고 있는 모든 공기. ▶ 미세먼지로 인해 **대기**가 완전 오염되었어.
운무雲霧	구름과 안개. ▶ 산꼭대기에 올랐지만 **운무** 때문에 아무것도 보이지 않았어.
난류暖流	적도 부근의 저위도 지역에서 고위도 지역으로 흐르는 따뜻한 바닷물의 흐름. ▶ **난류**의 영향으로 사계절 내내 따뜻한 나라가 있대.

87

열풍 熱風

뜨거운 바람.

◑ 동음이의어 열풍烈風은 몹시 사납고 거세게 부는 바람을 뜻하는 말로 세차게 일어나는 기운이나 기세를 비유적으로 이르는 말이기도 해요. 한류 열풍이라고 할 때 이 말을 사용해요.

역풍 逆風

배가 가는 반대쪽으로 부는 바람. 바람이 부는 쪽을 향하여 바람을 안고 감. 반대말 순풍順風

◑ 일이 뜻한 바대로 순조롭게 진행되지 못하고 어려움을 겪는 것을 뜻하기도 해요. 이와 반대로 뜻한 바대로 일이 잘 이루어질 때는 '순풍에 돛 단 듯'과 같이 순풍이라는 말을 사용해요.

풍랑 風浪

바람과 물결. 강한 바람으로 바닷물의 표면이 높아져 생기는 뾰족한 삼각형 모양의 물결.

◑ 풍랑은 시련과 혼란을 뜻하기도 해요. '풍랑을 겪다', '삶의 풍랑'과 같이 쓰이지요.

풍향 風向

바람이 불어오는 방향.

◑ 바람이 부는 방향을 관찰하여 측정하는 기구를 풍향계라고 해요.

풍토 風土

어떤 지역의 기후와 토지의 상태. 어떤 일의 바탕이 되는 제도나 조건.

◑ 풍토병은 어떤 지역의 특수한 기후나 땅, 환경 등으로 인해 생기는 병을 말해요.

어휘 확인!

① 배가 더 빨리 앞으로 나아가려면 ☐☐에 맞추어 돛을 움직여야 해.

② 사막에 ☐☐이 불기 시작하면 호흡기가 약한 사람은 좀처럼 버티기가 힘들대.

③ ☐☐이 심하게 부는 날은 배를 띄우지 않는 게 좋아.

④ 대학 입시 중심의 교육 ☐☐에서는 학원을 다니지 않을 수가 없어.

⑤ 인생의 ☐☐을 겪더라도 절대 좌절하지는 마.

정답 : ① 풍파 ② 돌풍 ③ 해일 ④ 범람 ⑤ 풍파

▶ 함께 알아두기 ◀

풍파風波 　세찬 바람과 험한 물결을 아울러 이르는 말. 심한 분쟁이나 분란. 세상살이의 어려움이나 고통.
　　　　　 ▶ 집안에 **풍파**가 끊이지 않는데 재산이 아무리 많으면 뭐해?

돌풍突風 　갑자기 세게 부는 바람. 갑작스럽게 사회적으로 많은 관심을 모으거나 많은 영향을 끼치는 현상을 이르는 말.
　　　　　 ▶ 가수 오디션 프로그램의 **돌풍**으로 보컬 학원이 엄청 많아졌대.

해일海溢 　갑자기 바닷물이 크게 일어서 육지로 넘쳐 들어오는 것.
　　　　　 ▶ 이런 날씨에는 바다에 너무 가까이 가지 마. **해일**이 덮쳐 올지도 몰라.

범람汎濫 　큰물이 흘러넘침. 바람직하지 못한 것들이 마구 쏟아져 돌아다님. 제 분수에 넘침.
　　　　　 ▶ 인터넷의 발달로 검증되지 않은 정보가 **범람**하고 있어.

절기 節氣

일 년을 스물넷으로 나눈 계절의 구분. 일 년 중에서 어떤 일을 하기에 가장 좋은 시기나 때.

비슷한말 철

💠 동절기는 겨울철 기간을, 하절기는 여름철 기간을 말해요.

건기 乾期

비가 별로 내리지 않아 메마른 시기.

비슷한말 건조기乾燥期

💠 동남아시아 지역은 비가 거의 안 오는 건기와 비가 많이 오는 우기로 나뉘어 있어요. 우기는 일 년 중 비가 많이 내리는 시기를 말해요.

강수 降水

비, 눈, 우박, 안개 등으로 지상에 내린 물.

💠 일정 기간 동안 일정한 곳에 내린 강수의 양을 측정한 것을 강수량이라고 해요. 강수량의 단위는 밀리미터예요.

폭설 暴雪

갑자기 많이 내리는 눈.

💠 기상청에서는 24시간 동안 새로 쌓인 눈이 5센티미터 이상 예상될 때 폭설 주의보를, 20센티미터 이상 예상될 때 폭설 경보를 내려요.

한파 寒波

겨울철에 갑자기 기온이 내려가는 현상.

💠 계절에 맞지 않게 큰 폭으로 기온이 올라가는 현상은 난파暖波라고 해요. 우리나라는 겨울철 시베리아 고기압의 영향으로 한파가 오지요.

어휘 확인!

① 어제는 ▢▢ 때문에 길이 통제되어서 학교에 올 수가 없었어.

② 봄, 여름, 가을, 겨울 네 계절별로 각각 6개의 ▢▢가 있어서 모두 합하면 24개의 ▢▢야.

③ 며칠 동안 이어진 기록적인 ▢▢로 수도관이 얼어붙어서 물이 나오지 않아.

④ 우리나라 연평균 ▢▢량이 몇 밀리미터인지 아니?

⑤ 이런 ▢▢가 계속되면 강이고 계곡이고 다 말라 버릴 거야.

 ## ▶ 함께 알아두기 ◀

환절기換節期 계절이 바뀌는 시기.
  ▶ **환절기**에는 감기에 걸리기 쉬우니까 건강에 더 신경 써야 해.

장대비長-- 장대처럼 굵고 세차게 내리는 비.
  ▶ 하굣길에 **장대비**가 어찌나 쏟아지는지 우산을 써도 소용이 없었어.

가랑비 가늘게 내리는 비.
  ▶ **가랑비**가 쏟아져서 안심했더니 바로 장대비가 쏟아지더라고.

적설량積雪量 땅 위에 쌓여 있는 눈의 양.
  ▶ 작년 겨울은 어찌나 눈이 많이 왔는지 30년 만에 최고 **적설량**을 기록했어.

궂다

비나 눈이 내려 날씨가 나쁘다. 언짢고 나쁘다.

◎ 심술궂다, 얄궂다, 짓궂다, 험상궂다 등은 형용사 궂다가 붙어 만들어진 말이에요.

삼복더위 三伏~~

삼복 기간의 몹시 심한 더위. 비슷한말 복더위伏——, 삼복염천三伏炎天, 삼복증염三伏蒸炎

◎ 삼복은 초복, 중복, 말복을 통틀어 이르는 말로, 여름철의 몹시 더운 기간을 뜻한답니다. 이때 먹는 대표적인 보양식이 삼계탕이지요.

폭염 暴炎

매운 심한 더위. 불볕더위라고 함.
비슷한말 폭서暴暑

◎ 무더운 여름, 밤에 제일 낮은 기온이 25도 이상인 매우 더운 밤을 열대야라고 해요.

이열치열 以熱治熱

열은 열로써 다스림.

◎ 열이 날 때에 땀을 낸다든지, 뜨거운 차를 마셔서 더위를 이긴다든지, 힘은 힘으로 물리친다는 상황을 이를 때에 흔히 쓰는 말이랍니다.

동장군 冬將軍

겨울 장군이라는 뜻으로, 혹독한 겨울 추위를 비유적으로 이르는 말.

◎ 1812년 러시아 전투 때, 나폴레옹이 이끈 60만 프랑스군이 계속 이기다가 러시아에서 한파, 즉 동장군을 만나 패하고 만 사건에서 유래한 말이에요.

어휘 확인!

① ☐☐ 주의보는 낮 최고 기온이 32도 이상이 2일 정도 계속 이어질 때 내려지는 기상 특보 가운데 하나야.

② 우리 반 반장은 ☐☐ 일을 도맡아 하는 진짜 일꾼이야.

③ ☐☐☐☐에 지쳤을 때는 삼계탕을 먹어야 하지 않을까?

④ ☐☐☐☐이라고, 운동장에 가서 땀 한번 쭉 흘리고 오자.

⑤ ☐☐☐이 기승을 부려서인지 감기로 결석하는 친구들이 많네.

➤ 함께 알아두기 ◀

한랭전선
寒冷前線

차가운 공기 덩어리가 더운 공기 덩어리를 밀어 올리고 이동하여 가는 곳에 나타나는 전선.
▶ **한랭전선**이 우리나라로 이동하고 있어서 내일은 비나 눈이 올 확률이 높대.

온실효과
溫室效果

공기 중의 수증기, 이산화탄소 등이 지구 밖으로 나가는 열을 흡수하여 지구의 온도를 높게 유지하는 작용.
▶ 과유불급이야. 지나친 **온실효과**로 지구의 기온이 너무 높아지고 있어.

삼한사온
三寒四溫

7일을 주기로 3일 동안 춥고 4일 동안 따뜻한, 겨울철에 나타나는 기온 변화 현상.
▶ **삼한사온**이라고 했어. 3일 동안 내내 추웠으니 내일은 좀 따뜻할 거야.

1. 다음 뜻에 해당하는 말을 고르세요.

(1) 7일을 주기로 3일 동안 춥고 4일 동안 따뜻한, 겨울철에 나타나는 기온 변화 현상

① 돌풍   ② 강수   ③ 온난화   ④ 삼한사온   ⑤ 한랭전선

(2) 계절이 바뀌는 시기

① 건기   ② 우기   ③ 절기   ④ 대기   ⑤ 환절기

(3) 바람, 구름, 비, 눈, 더위, 추위 등 대기 중에서 일어나는 현상

① 한파   ② 폭염   ③ 대기   ④ 기상   ⑤ 폭설

2. 말과 뜻을 바르게 연결하세요.

한파 •　　　　　　• 구름과 안개

기후 •　　　　　　• 매우 심한 더위

운무 •　　　　　　• 비가 별로 내리지 않아 메마른 시기

건기 •　　　　　　• 겨울철에 갑자기 기온이 내려가는 현상

폭염 •　　　　　　• 일정한 지역에서 여러 해에 걸쳐 나타난 대기의 평균 상태

3. 〈보기〉의 빈칸에 들어갈 알맞은 말을 쓰세요.

───── 〈보기〉 ─────

삼복은 음력 6월에서 7월 사이에 있는 절기이다. 여름의 가장 무더운 시기이기 때문에 몹시 더운 날씨를 가리켜 (1) _____ 라고도 부른다. 예나 지금이나 더위를 이겨 내기 위한 방법 중 (2) _____ 의 방법으로 주로 뜨거운 음식을 먹으며 보양을 한다. 특히, 복날에 즐겨 먹는 삼계탕은 어린 닭을 잡아 인삼과 대추, 찹쌀을 넣고 오랫동안 삶아서 먹는 음식으로 원기를 회복하고 입맛을 돋우는 데 효과가 좋다.

4. 다음 빈칸에 들어갈 알맞은 말을 〈보기〉에서 찾아 쓰세요.

〈보기〉	• 호우	• 대기	• 장대비	• 가랑비

포근한 날씨 속에 서울에도 겨울비가 오고 있습니다. 비다운 비가 내리고 있습니다. 그동안 워낙 대지가 메말라 있었기 때문에 이 비가 반갑게 느껴집니다. 서울 등 중부에도 최고 겨울비치곤 많은 80밀리미터의 비가 내릴 것으로 보여 가뭄 해소에 큰 도움이 될 전망입니다. 현재 제주 산간에는 (1) _____ 주의보가 발효 중인 가운데 시간당 20밀리미터 이상의 (2) _____ 가 쏟아지고 있습니다. 그 밖의 대부분의 지역에도 비가 내리고 있는데요. 이 비는 모레까지 길게 이어지겠습니다.

5. 다음 중 '열풍'의 뜻이 다르게 쓰인 문장을 고르세요.

① 기온이 50도 이상 올라가고 모래 먼지를 동반한 열풍을 이집트에서는 캠신, 아라비아에서는 시문으로 부른다고 한다.

② 요즘에는 복고 열풍이 한창이에요. 옛날 노래들을 다시 듣고, 옛날 유행했던 패션스타일을 다시 입고, 그때 그 시절 포장 그대로 과자들이 판매되고 말이지요.

③ 한국에 관련된 것들이 다른 나라 사람들의 기호에 맞게 상품으로 만들어져 대중적으로 인기를 크게 얻고 있다. 이러한 한류를 주도하고 있는 것이 바로 전 세계에 부는 케이팝 열풍이라고 할 수 있다.

④ 북유럽풍 스타일이 인기를 끌고 있다. 대표적인 사례로는 '무민 열풍'을 꼽을 수 있다. 무민은 북유럽 신화에 나오는 요정을 캐릭터화한 것으로 핀란드에서는 우리나라 뽀로로와 같은 국민 캐릭터이다.

⑤ 한복 입은 사진을 SNS에 올리는 문화가 생기면서 젊은 층에서 한복 열풍이 불고 있다고 해요.

제 7 장

날짜와 시간

교실에서 별안간에 벌어진 일이야

이튿날 **정오**에 꼭 돌아오마고 약속했던 그는 그 **이듬해**가 되어도 돌아오지 않았어. **금일**로 벌써 그가 떠난 지 3년 하고도 **이레**가 지났어. 내게는 벌써 한 세기는 지난 듯 길게 느껴지는 시간이야. 대체 그는 언제쯤 돌아올까?

창밖에 저녁 **어스름**이 깔리는지도 모른 채 **한나절** 동안 집중해서 공부한 거 있지. 중학교에 입학한 **이래**로 오늘이 제일 열심히 공부한 날인 것 같아. 기말고사까지 꾸준히 공부할 거야. 물론 **향후**에도 더 열심히 해야겠지. 그래서 **후일**에 나 자신을 자랑스럽게 여길 수 있으면 좋겠어.

종일 장대비가 내려 어둑한 날이었어. **한창** 친구들과 교실에서 우리 학교 **시조**라는 귀신 이야기를 하고 있던 **찰나**, **별안간** 교실에 정전이 된 거야. **순식간**에 교실은 아수라장이 되었지. 금방 다시 불이 켜지긴 했지만 얼마나 무서웠다고.

성적을 올리겠노라고 엄마와 약속한 **기일**이 지났는데 여전히 내 공부는 제자리걸음이야. 아마도 지금이 내 인생의 **정체기**가 아닐까 싶어. 빠른 **시일** 내에 이 **암흑기**를 벗어났으면 좋겠어. 방학 중 하루를 **택일**해서 혼자 훌쩍 떠나서 머리도 식히고 계획도 좀 세워봐야겠어.

정오 正午

낮 열두 시. 태양이 표준자오선을 지나는 순간을 이르는 말. 반대말 자정子正

◑ 표준자오선은 표준시의 기준이 되는 자오선인데, 한국의 표준자오선은 동경 135°선으로 일본 표준시와 같아요.

금일 今日

지금 지나가고 있는 이날. 현재, 지금의 시대. 비슷한말 오늘

◑ 오늘의 1일 전은 어제 또는 어저께입니다. 어제의 어제는 그제 또는 그저께이고요. 반대로 오늘의 1일 후는 내일, 2일 후는 모레, 내일모레, 3일 후는 글피, 4일 후는 그글피이지요.

이레

일곱 날. 매달의 일곱째 날. 비슷한말 이렛날, 초이렛날

◑ 대부분 하루, 이틀, 사흘, 나흘까지는 알지요? 그럼 그 다음은 무엇일까요? 닷새, 엿새, 이레, 여드레, 아흐레, 열흘로 헤아려요. 한 가지 더! 하루를 '1루', 이틀을 '2틀'과 같이 잘못 표기하면 안 되겠지요?

이듬해

어떤 일이 일어난 바로 다음 해. 비슷한말 익년翌年

◑ '올해는 예년에 비해 눈이 많이 왔다'고 할 때 예년은 보통의 해, 일기예보에서 지난 30년간 날씨의 평균적인 상태를 뜻해요.

세기 世紀

백 년을 단위로 하는 기간. 매우 길고 오랜 세월.

◑ 백 년 동안에 한 번밖에 없거나, 또는 그 백 년 동안을 대표할 만큼 중요하거나 뛰어남을 이를 때도 세기를 써요. '세기의 결혼', '세기의 발명품'과 같이 쓰이지요.

✅ 어휘 확인!

① 봄나들이객으로 인한 고속도로 정체가 □□쯤이면 절정에 이를 거야.

② 배냇저고리는 태어난 지 □□ 만에 입힌다고 하여 □□안저고리라고도 불렸대.

③ 그 사람의 작품을 읽으면 정말 □□를 앞선 천재 시인이라는 생각밖에 안 들어.

④ 우리 형은 대학 입시에 낙방했어. 하지만 열심히 노력해서 □□□에 원하던 학과에 보란 듯이 합격했지.

⑤ "영원히 살 것처럼 꿈을 꾸고, 내일 죽을 것처럼 □□을 살아라."라고 제임스 딘이 말했다지.

정답 : ① 이튿날 ② 사흘, 사흘 ③ 당대 ④ 이듬해 ⑤ 오늘

초하루初--   매달 첫째 날.
 ▶ 음력 1월 1일. 정월 **초하루**를 가리켜 '설날'이라고 해.

이튿날   기준이 되는 날의 다음의 날.
 ▶ 요즘은 배송이 얼마나 빠른지 몰라. 물건을 주문하면 **이튿날** 바로 오더라고.

분기分期   일 년을 넷으로 나눈 3개월씩의 기간.
 ▶ 너 전학 가더라도 우리 **분기**에 한 번씩은 꼭 만나자.

당대當代   해당하는 바로 그 시대. 지금 이 시대. 한 사람의 일생.
 ▶ **당대** 최고의 여자 배구 선수는 김연경이야.

나절

하루 낮 시간의 절반쯤 되는 동안. 낮의 어느 때나 동안.

◎ 한나절은 하루 낮시간의 반(6시간)을 말하고, 반나절은 한나절의 반(3시간)이에요. 또 아침나절은 아침밥을 먹은 뒤부터 점심밥을 먹기 전까지의 한나절을, 저녁나절은 해 질 무렵부터 해가 완전히 지기까지의 동안을 말하지요.

어스름

조금 어둑한 상태. 또는 그런 때. 비슷한말 거미

◎ 어스름은 시간과 상관없이 조금 어두운 상태를 가리키지만, 황혼은 해가 지고 어스름해질 때 또는 그때의 어스름한 빛을 뜻해요.

기상관측 이래 가장 무더운 날씨가 이어지고 왔습니다.

이래 以來

지나간 어느 일정한 때로부터 지금까지. 또는 그 뒤.

◎ 이래는 주로 '광복 이래', '부임 이래'와 같이 ― 이래의 형태나 '작품이 발표된 이래'와 같이 ―ㄴ 이래의 형태로 쓰여요.

향후 3년간 무상A/S

향후 向後

이것의 바로 뒤에 이어져 오는 때나 차례.
비슷한말 이다음

◎ 차후는 지금부터 뒤나 다음을, 추후는 일이 지나간 얼마 뒤를 뜻해요. '차후 계획', '추후 상황'과 같이 쓰지요.

후일을 기약하자

후일 後日

시간이 지나고 앞으로 올 날. 비슷한말 뒷날

◎ 어떤 일이 끝난 후에 벌어진 일에 대하여 덧붙이는 이야기를 후일담이라고 해요.

✔ 어휘 확인!

① 잇따라 내린 봄비에 ☐☐ 몇 달간 가뭄 걱정은 없겠어.

② 우리 엄마는 매일 새벽 ☐☐☐을 뚫고 먼 길을 출근하셔.

③ 이번 축제는 개교 ☐☐ 가장 성대하게 치러졌어.

④ 급한 일이 생겨서 친구와의 약속을 ☐☐로 미뤘어.

⑤ 내가 좋아하는 가수의 신곡이 발표된 지 한☐☐도 안 돼 음원차트
1위를 했지 뭐야.

➤ 함께 알아두기 ◀

심야深夜　　깊은 밤.
　　　　　▶ 나는 **심야**에 라디오를 들으며 책을 읽고 있으면 행복해져.

전야前夜　　어제의 밤. 특정한 날의 전날 밤. 특정한 시기나 단계를 기
　　　　　준으로 하여 그 전의 시기나 단계.
　　　　　▶ 시험을 앞둔 교실의 풍경은 폭풍 **전야**처럼 고요했어.

겨를　　　어떤 일을 할 만한 잠시 동안의 시간.
　　　　　▶ 꿈을 향해 달려가다 보니 다른 것은 신경 쓸 **겨를**이 없었어.

연일連日　　여러 날을 계속함.
　　　　　▶ 내가 좋아하는 야구팀 경기는 **연일** 매진이야.

온종일-終日　아침부터 저녁까지의 동안.
　　　　　▶ 내 동생은 **온종일** 내 뒤만 졸졸 따라다녀서 귀찮아 죽겠어.

찰나 刹那

어떤 일이나 현상이 일어나는 바로 그때. 매우 짧은 시간.

비슷한말 순간瞬間, 순식간瞬息間

◑ 찰나는 본래 고대 인도에서 쓰던 가장 작은 시간 단위를 나타내는 말로 '크사나'에서 유래했어요. 수치로는 75분의 1초, 즉 1찰나는 0.013초로 아주 짧은 시간이지요.

한창

어떤 일이 가장 활기 있고 왕성하게 일어나는 때. 또는 어떤 상태가 가장 무르익은 때.

◑ 한창은 '지금은 사람이 한창 붐비는 시간이다'와 같이 쓰여요. 비슷하게 보이지만, 한참은 '그는 한참 나를 바라봤다'와 같이 시간이 상당히 지나는 동안을 뜻해요.

순식간 瞬息間

눈을 한 번 깜짝하거나 숨을 한 번 쉴 만큼의 아주 짧은 동안. 비슷한말 삽시간霎時間

◑ 우주 공간을 떠돌던 소행성이나 우주먼지가 지구 중력에 의해 떨어지는 별똥별은 순식간에 사라지지요. 그래서 별똥별이 가장 많이 들어본 소원 Best 5는 '나는, 저는, 음, 어, 앗'이래요.

별안간 瞥眼間

미처 생각할 틈도 없이 짧은 순간.

◑ 많은 사람들이 별안간을 순우리말로 생각해요. 하지만 별瞥은 깜짝하다는 뜻을 가진 한자예요. 우리말로 풀이하면 눈 깜짝할 사이가 되지요.

시조 始祖

민족, 왕조, 가계 등의 맨 처음이 되는 조상. 학문, 기술 등을 처음으로 고안한 사람. 나중의 것이 바탕이 된 맨 처음의 것. 비슷한말 원조元祖

◑ 단군은 한민족의 신화적인 시조이자 고조선의 건국자이지요.

☑ 어휘 확인!

① 동네 개가 ☐☐☐ 달려들어서 얼마나 놀랐는지 몰라.

② 치킨에 손을 뻗는 ☐☐에 꿈에서 깨고 말았어.

③ 내가 들고 있던 아이스크림을 동생이 ☐☐☐에 낚아채서 달아나 버렸어.

④ 교실은 축제 준비로 ☐☐이야.

⑤ 신라의 첫 번째 왕은 박혁거세로, 알에서 태어났다는 ☐☐ 설화로 유명하지.

정답 ① 실시간에 ② 시초 ③ 실시간에 ④ 실시간 ⑤ 시초

➤ 함께 알아두기 ◄

금세	지금 바로. '금시에'가 줄어든 말.
	▶ 3월 첫 주, 처음에 어색했던 새 학급 친구들도 함께 밥을 나눠 먹고, 이야기를 나누며 **금세** 친해졌어.
시초始初	맨 처음.
	▶ 이 싸움의 **시초**는 장난으로 시작한 알밤 때리기였어.
시급히時急-	시각을 다툴 만큼 몹시 절박하고 급하게.
	▶ 밤새 내린 폭우에 대한 대책이 **시급히** 요청된다.
실시간實時間	실제 흐르는 시간과 같은 시간.
	▶ 스마트폰을 활용하여 **실시간**으로 댓글을 확인할 수 있어.

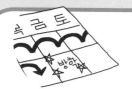

기일 期日

정해진 날짜나 기한.

💠 동음이의어 기일忌日은 사람이 죽은 후 해마다 돌아오는 제삿날을 뜻해요. '할머니 기일을 맞아 모두 모여 제사를 지냈다'와 같이 쓰이지요.

시일 時日

어떤 일을 끝내는 데 걸리는 기간이나 시간. 특정하게 정해진 시간이나 날짜.

💠 짧은 시일은 단시일이라고 하고, 오랜 시일은 장시일이라고 해요.

택일 擇日

어떤 일을 치르거나 길을 떠나거나 할 때 운수가 좋은 날을 가려서 고름. 또는 그날.

💠 동음이의어 택일擇—은 여럿 가운데에서 하나를 고른다는 뜻이에요. 양자택일과 같이 쓰이지요.

암흑기 暗黑期

도덕이나 이성, 문명이 쇠퇴하고 세상이 어지러운 시기.

💠 암흑은 어둡고 캄캄함, 또는 희망이 없고 비참한 상태나 상황을 비유적으로 표현할 때 쓰는 말이에요.

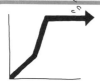

정체기 停滯期

어떤 일이나 상황 등이 성장하거나 발전하지 못하고 일정한 정도에 그쳐 있는 시기.

💠 정체의 동음이의어 정체正體는 사람이나 사물의 본모습이나 본디의 특성, 본디부터 가지고 있는 마음의 모양, 바른 모양의 글씨라는 뜻을 가지고 있어요.

어휘 확인!

① 우리 고모 결혼식 날짜는 할아버지께서 □□하신 거래.

② 학원 선생님하고 약속한 □□까지 문제집을 다 풀어야 해.

③ 줄넘기를 100개 이상 하기 위해서는 상당한 □□을 연습해야만 할 거야.

④ 운동이나 공부를 할 때 □□□가 오더라도 포기하지 말고 버티다 보면 어느 순간 노력한 만큼의 성과가 나타날 거야.

⑤ 모든 것이 내 마음대로 되지 않던 그 시기가 내 인생의 □□□였지 만, 그런 시간들이 있기에 지금의 내가 있는 게 아닐까 싶어.

정답 : ①결정 ②기한 ③기량 ④슬럼프 ⑤암흑기

➤ **함께 알아두기** ◀

차기|次期 다음 시기.
  ▶ **차기** 반장은 내가 꼭 하고 말거야.

초창기|草創期 어떤 일을 일으켜 처음으로 시작하는 시기.
  ▶ 아직은 사업 **초창기**이니까 너무 큰 욕심을 내지 말고 꾸준히 운영해 보도록 해.

전환기|轉換期 다른 방향이나 상태로 바뀌는 시기.
  ▶ 중1 시기가 내게는 인생의 **전환기**였다고 할 수 있어.

성장기|成長期 성장하는 시기.
  ▶ **성장기** 청소년들에게는 잘 먹고 잘 자는 것이 무엇보다 중요해.

1. 다음 뜻에 해당하는 말을 고르세요.

(1) 시간이 지나고 앞으로 올 날
① 금일   ② 연일   ③ 후일   ④ 기일   ⑤ 택일

(2) 조금 어둑한 상태. 또는 그런 때
① 자정   ② 전야   ③ 심야   ④ 암흑기   ⑤ 어스름

(3) 어떤 일이나 상황 등이 성장하거나 발전하지 못하고 일정한 정도에 그쳐 있는 시기
① 순식간   ② 별안간   ③ 초창기   ④ 정체기   ⑤ 전환기

2. 다음 중 가장 긴 시간을 나타내는 말을 고르세요.

① 겨를   ② 나절   ③ 분기   ④ 세기   ⑤ 이레

3. 다음 빈칸에 들어갈 알맞은 말을 〈보기〉에서 찾아 쓰세요.

〈보기〉	• 하루 • 이틀 • 글피 • 어저께 • 그저께

준아, 잘 지내고 있니? 나도 잘 지내고 있어. (1) _____인 13일에 출발했는데 오늘이 15일이니까 벌써 (2) _____이 지났네. 오늘까지는 내내 비가 내렸는데, 16일인 내일부터 18일이 되는 (3) _____까지는 날이 맑다고 해서 그 사이 온 가족이 함께 바닷가에 다녀오려고 해. 여행지에 있는 동안 좋은 추억 많이 만들고 올게. 다녀와서 보자. 건강해, 몸도 마음도.

- 유현이가

4. 다음 열쇳말을 보고 십자말풀이를 완성하세요.

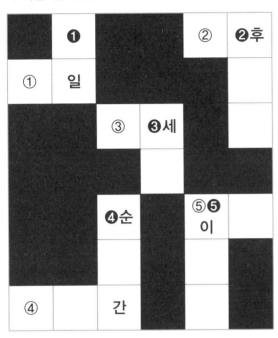

〈가로 열쇠〉

① 정해진 날짜나 기한

② 이것의 바로 뒤에 이어져 오는 때나 자리

③ 지금 바로. '금시에'가 줄어든 말

④ 눈을 한 번 깜짝하거나 숨을 한 번 쉴 만큼 짧은 동안

⑤ 매 달의 일곱째 날

〈세로 열쇠〉

❶ 지금 지나가고 있는 이날

❷ 어떤 일이 끝난 후에 벌어진 일에 대하여 덧붙이는 이야기

❸ 백년을 단위로 하는 기간

❹ 미처 생각할 틈도 없이 짧은 시간

❺ 어떤 일이 일어난 바로 나음해

일본어의 찌꺼기,
오늘부터 우리말로
순화해서 쓰세요!

단도리✕
준비, 채비⭕

단도리(だんどり)는 일을
해 나가는 순서, 방법, 절
차 또는 그것을 정하는 일
을 뜻하는 일본어예요.

요지✕
이쑤시개⭕

이쑤시개를 요지(ようじ),
나무 젓가락을 와리바시
(わりばし)라고 쓰는 경우
도 많이 봤지요?

뗑깡✕
생떼, 억지⭕

'뗑깡 부리다'라는 표현으
로 많이 쓰이는 뗑깡(てん
かん)은 일본어로 간질병,
지랄병을 뜻해요.

쿠사리✕
핀잔, 면박⭕

쿠사리(くさり)는 핀잔의
일본어 표현이에요. 앞으
로는 쿠사리 대신 핀잔이
라고 쓰면 어떨까요?

사쿠라✕
벚꽃⭕

사쿠라(さくら)는 벚꽃이
라는 뜻도 있지만 다른 속
셈을 가지고 어떤 집단에
속한 사람이라는 뜻도 있
어요.

쇼부✕
승부, 흥정⭕

쇼부(しょうぶ)는 승부의
일본어 발음이에요. 따라
서 상황에 맞게 승부, 흥
정, 결판 등 적당한 우리말
로 바꿔 쓰세요.

유도리✕
여유⭕

공간이나 시간, 정신, 체력
적인 여유를 뜻하는 일본
어예요. 심지어 유들이, 유
두리 등으로 잘못 쓰기도
하지요.

엥꼬✕
바닥남, 떨어짐⭕

자동차 등이 고장 나 움직이
지 못하는 상태를 일본어로
엥꼬(えんこ)라고 해요. 우
리는 기름이 떨어진 상태를
뜻하는 말로 쓰고 있지요.

이빠이 ✕
한껏, 가득 ○

가득이라는 뜻의 이빠이 (いっぱい)가 일본어인 줄은 알지만 이빠이의 우리말을 물어보면 만땅이라고 답하기도 해요. 가득이라고 표현하자고요.

소라색 ✕
하늘색, 연푸른색 ○

소라색은 하늘을 뜻하는 일본어 소라(そら)에 한자어 색(色)이 합쳐진 일본식 표현이에요. 곤색 역시 일본식 표현이므로, 감색이라고 해야 해요.

삐까번쩍 ✕
번쩍번쩍 ○

삐까번쩍은 일본어로 '반짝반짝하다'는 말의 '삐까삐까'와 우리말 '번쩍번쩍'이 합쳐진 말이에요. 번쩍번쩍이 맞는 표현이에요.

일본어 같지만
순우리말인 말도
있어요.

야로

불을 피울 때에 바람을 일으키는 기구를 뜻하는 말로, 남에게 드러내지 아니하고 우물쭈물하는 속셈이나 수작을 속되게 이르는 말이에요.

구라

거짓말이나 이야기, 거짓이나 가짜를 속되게 이르는 말이에요.

모도리

빈틈없이 아주 여무진 사람을 이르는 말이에요.

사리

국수, 새끼, 실 등을 동그랗게 포개어 감은 뭉치를 이르는 말이에요. 부대찌개에 라면사리를 넣어서 먹기도 하지요.

에누리

값을 깎는 일, 실제보다 더 보태거나 깎아서 말하는 일, 용서하거나 사정을 보아주는 일을 뜻하는 말이에요.

☰

제 8 장

수와 양

올해 내 목표는
10킬로그램 감량이야

 척도

척도

수열

양대

급수

 점유율

 건수

오늘 학급회의 안건은 '수학여행 어디로 갈까'야. 우리 반 애들 상당수는 제주도를 가고 싶어 하고 극소수가 일본을 가고 싶대. 수학여행 건수가 매번 있는 것도 아닌데 장소 결정에만 한 달 남짓 걸리겠어. 수효 조사해서 빨리 결정되면 좋겠어.

요리를 할 때 가장 중요한 건 음식에 들어갈 재료를 정확하게 도량하는 거야. 저울로 정확하게 계량해서 넣어야 제 맛을 살릴 수 있지. 재료를 너무 과다하게 넣거나 감량해서 넣으면 본연의 맛을 살릴 수 없어. 이렇게 요리하는 셰프는 요리사로서 함량 미달이라고밖에 이야기할 수 없어.

SNS를 통해 입소문이 나면서 우리 회사 제품에 대한 10~20대 젊은 이들의 이용 빈도가 대폭 늘어났습니다. A/S 횟수에 한도가 없다는 점도 인기에 한몫을 더하는 요인입니다. 덕분에 올해 시장 점유율을 컴퓨터 프로그램에서 오름차순으로 정리했을 때 거의 끝부분에 있지요.

아, 진짜 이번 국어 숙제 분량이 너무 방대하지 않아? 사회 선생님도 빈번하게 숙제 많이 내주시기로는 양대 산맥이지만, 비교하자면 국어 선생님이 근소한 차이로 더 많이 내주시는 듯해. 시간이 부족하니 이번에는 내 능력껏 약소하게나마 해서 내야겠어.

오름차순

건수

김OO
나OO
동OO
류OO
민OO
박OO

구소하다

상당수

양대

YG

SM

극소수

100%

함량

남짓

빈도

오늘의사고
23

30

빈번

약소하다

75% 25%
점유율
과다
한도
계량 감량 수요
1 5
3 4 2
1048M 도량
대폭
방대하다

수효 數爻

낱낱의 수.

○ 책 한 권, 연필 한 자루와 같이 물건마다 단위어가 있듯, 과거에는 신분에 따라 사람의 수효를 나타내는 말이 달랐대요. 관리의 수를 파악할 때 원員, 나이가 든 평민은 인人, 어린 사람의 숫자를 파악할 때는 명名, 하인이나 신분이 낮은 사람은 구口를 썼어요.

극소수 極少數

아주 적은 수효.

○ 극-은 원래의 단어에 더할 나위 없는 또는 정도가 심한의 뜻을 더하는 접두사예요. 극존칭, 극우파, 극약과 같이 쓰이지요.

상당수 相當數

꽤 많은 수.

○ 상당相當은 10만 원 상당, 10리터 상당과 같이 주로 금액이나 수치를 나타내는 말 뒤에 쓰여 어느 정도의 값이 나간다는 뜻으로 쓰여요.

건수 件數

특정한 사건이 일어난 횟수.

○ 횟수回數는 반복해서 일어나는 차례의 수를 뜻해요. 간혹 횟수를 회수로 잘못 쓰는 경우가 있어요. 틀리지 않도록 꼭 기억해 두세요.

남짓

크기, 수효, 부피 등이 어느 한도보다 조금 더 되는 정도.

○ -가량은 남짓과 유사한 뜻을 지녔어요. 그러나 남짓은 명사(의존명사)이기 때문에 수량을 나타내는 말 뒤에 띄어 써야 하고, -가량은 접미사이기 때문에 붙여 써야 해요.

어휘 확인!

① 우리 집에서 놀이공원까지는 버스로 한 시간 □□ 걸려.

② 학업중단숙려제 프로그램에 참여하는 학생들이 증가할수록 자퇴 □□도 덩달아 줄고 있대.

③ 예상치 못한 이번 태풍으로 피해를 입은 사람들의 정확한 □□조차 파악하지 못하고 있어.

④ 이 요리 맛의 비결은 선택된 □□□에게만 전수되고 있대.

⑤ 과학자들은 우리가 알고 있는 직업의 □□□가 조만간 로봇으로 대체될 것이라는 예측을 내놓았어.

➤ 함께 알아두기 ◀

내지乃至 대략 얼마에서 얼마까지의 뜻을 나타내는 말. 그렇지 않으면.
▶ 이번 크리스마스에는 눈이 20 **내지** 30밀리미터 내린대.

복수複數 둘 이상의 수. 문법에서 둘 이상의 사람이나 사물을 나타내는 말.
▶ **복수** 전공이란, 기존의 전공 이외에 하나의 전공을 더 이수하여 두 개의 학위가 생기는 것을 의미해.

변수變數 어떤 일에 변화를 일으킬 수 있는 요인.
▶ 인생은 예측 불가능한 **변수**로 가득하지만, 그래서 더 흥미로운 것 아니겠어?

함량 含量

물질에 들어 있는 어떤 성분의 양.

비슷한말 함유량含有量

◎ 함량은 주로 물질과 관련하여 쓰이지만, '그는 수비수로서 함량 미달이다'와 같이 어떤 사람이 갖추어야 할 자격을 물질의 성분에 빗대어 표현하는 경우에도 쓰여요.

계량 計量

수량을 헤아리거나 부피, 무게 등을 잼.

비슷한말 계측計測

◎ 어떤 현상의 특성이나 경향 등을 수량으로써 표시하는 것을 계량화라고 해요.

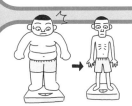

감량 減量

수량이나 무게를 줄임. 반대말 증량增量

◎ 량量은 노동량, 강수량과 같이 한자어 명사 뒤에 붙어 분량이나 수량의 뜻을 나타낼 때는 '량'으로, 구름양, 칼로리양과 같이 순우리말과 외래어 명사 뒤에 붙어 분량이나 수량의 뜻을 나타낼 때는 '양'으로 표기합니다.

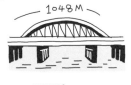

도량 度量

길이, 부피, 무게 등을 재서 사물의 양을 헤아림.

◎ 도량은 '사람은 자고로 도량이 넓어야 큰일을 하는 법이야.'와 같이 사물을 너그럽게 용납하여 처리할 수 있는 넓은 마음과 깊은 생각을 표현할 때도 쓰여요. 이때는 아량, 마음 등으로 바꾸어 쓸 수 있지요.

과다 過多

수나 양이 지나치게 많거나 어떤 일을 많이 함.

반대말 과소過少

◎ 과소평가는 실제 능력이나 가치보다 지나치게 작거나 낮게 평가함을 뜻하는 말이에요.

☑️ 어휘 확인!

① 음식의 맛은 ☐☐화된 양념보다 손맛이 좌우하는 법이지.

② 보아하니 그는 ☐☐이 좁고 마음 쓰씀이가 옹색한 사람이야.

③ 저녁마다 먹던 간식을 끊었더니 체중이 많이 ☐☐되었어.

④ 수면 ☐☐가 수면 부족보다 뇌졸중 발생에 훨씬 치명적이라는 연구 결과가 발표되었어.

⑤ 청소년이 카페인 ☐☐이 높은 에너지 음료를 남용할 경우 가슴 두 근거림이나 고혈압, 경련 등을 유발할 수 있으므로 주의해야 해.

정답 ① 규격 ② 도량 ③ 감량 ④ 과다 ⑤ 함량

➤ 함께 알아두기 ◀

다소多少   분량이나 정도의 많음과 적음. 작은 정도. 어느 정도로.
   ▶ 이번 시험은 저번 시험에 비해 **다소** 쉽게 출제되었어.

할당량割當量   몫을 갈라 나눈 양.
   ▶ 초보자라 미숙해서 오늘의 **할당량**을 다 채우지 못했어.

무궁무진
無窮無盡   끝이 없고 다함이 없음.
   ▶ 이번에 새로 들어온 동아리 후배는 축제에 대한 아이디어가
무궁무진해.

들이   수량을 나타내는 명사구 뒤에 붙어 그만큼 담을 수 있는 용
량의 뜻을 더하는 접미사.
   ▶ 피자를 시키면 1.5리터**들이** 콜라를 무료로 준대.

한도 限度

그 이상을 넘지 않도록 정해진 정도나 범위.

◎ 일정한 조건에서 가능한 한 가장 적은 정도는 최소한도 또는 최소한이라 하고, 일정한 조건에서 정해진 가장 큰 정도는 최대한도 또는 최대한이라고 해요.

빈도 頻度

같은 현상이나 일이 반복되는 정도나 횟수.
비슷한말 잦기, 빈도수頻度數

◎ 도度는 횟수, 번, 정도 등의 뜻을 가진 한자예요. 도수度數는 반복되는 횟수를 뜻해요.

점유율 占有率

물건이나 영역, 지위 등을 차지하고 있는 비율.

◎ 점유율, 백분율, 확률, 성공률의 율과 률은 같은 한자예요. 그런데 왜 다르게 쓸까요? 한자음을 쓸 때는 본래의 한자음으로 쓰는 것이 원칙이기 때문에 '률'로 써야 하지만, 바로 앞에 받침이 없거나, 'ㅡㄴ' 받침으로 끝날 때는 '율'로 써야 해요.

대폭 大幅

큰 폭이나 넓은 범위. 반대말 소폭小幅

◎ 대폭이 부사로 쓰일 때는 꽤 많이 또는 아주 크게라는 뜻이에요. 하지만 넓게, 많이, 크게로 순화해서 쓰는 것이 좋아요.

오름차순 --次順

데이터를 순서대로 늘어놓을 때, 작은 것부터 큰 것의 차례로 늘어놓는 것. 반대말 내림차순--次順

◎ 오름차순으로 정렬하라고 하면 숫자는 1부터 9 순으로, 알파벳은 A부터 Z 순으로, 한글의 경우는 ㄱ부터 ㅎ 순으로 정렬하면 돼요. 내림차순 정렬은 그 반대겠지요?

☑ 어휘 확인!

① □□를 나타내는 시간 부사에는 '가끔, 간혹, 때로, 이따금, 늘, 항상' 등이 있지.

② 그 영화는 현저히 적은 상영관에도 불구하고, 입소문으로 좌석 □□□이 상승하고 있어.

③ 내가 아는 □□ 내에서 최대한 자세히 설명해 주려고 노력했어.

④ '가'씨 성을 가진 나는 학창 시절 내내 □□□□으로 정렬된 출석번호가 1번이었어.

⑤ 최근 다수의 대학이 학생부 전형의 비중을 □□ 늘린 수시 모집 전형으로 신입생을 선발하겠다고 밝혔어.

정답 ① 빈도 ② 점유율 ③ 한도 ④ 가나다순 ⑤ 대폭

➤ 함께 알아두기 ◀

고난도高難度 어려움의 정도가 매우 큼. 또는 그런 것.
 ▶ 그 배우는 **고난도** 액션 장면도 대부분 대역 없이 직접 소화하는 것으로 유명해.

의존도依存度 다른 것에 의지하여 생활하거나 존재하는 정도.
 ▶ 사교육 **의존도**를 낮추고, 공교육을 정상화하기 위해 대입제도를 안정화시킬 필요가 있어.

인지도認知度 어떤 사람이나 물건을 알아보는 정도.
 ▶ 이번 방송 출연은 우리 그룹의 **인지도**와 명성을 높이는 데에 결정적인 역할을 할 거야.

방대하다 厖大--

규모나 양이 매우 크거나 많다.

◎ 방대하다와 비슷한 의미의 말로는 막대하다가 있어요. 더할 수 없을 만큼 많거나 크다는 뜻이지요.

양대 兩大

두 기둥을 삼을 만큼 큰 두 가지를 이를 때 쓰는 말.

◎ 양兩은 둘, 짝, 쌍을 뜻하는 한자예요. 양쪽, 양면, 양극과 같이 쓰이지요.

약소하다 略少--

적고 변변하지 못하다.

◎ 동음이의어 약소弱少는 약하고 작다는 의미를 지녔어요. 흔히 정치적·군사적·경제적으로 힘이 약하여 다른 나라의 지배를 받는 민족이나 국가를 약소민족이나 약소국가라고 해요.

근소하다 僅少--

얼마 되지 않을 만큼 수량이 아주 적다.
비슷한말 과소하다過少--

◎ 근소한 차이를 비유적으로 이를 때 얇게 살짝 언 얼음이라는 뜻의 박빙이라는 말을 쓰기도 하고, 머리카락 하나 차이라는 뜻의 간발이라는 말을 쓰기도 해요. '박빙의 승부를 펼쳤다', '간발의 차이로 이겼다'와 같이 쓰여요.

빈번하다 頻繁--

어떤 일이나 현상이 일어나는 횟수가 번거로울 정도로 잦다.

◎ 빈頻은 자주라는 뜻의 한자예요. 어떤 현상이 자주 일어나는 것은 빈발頻發, 자주 나타나는 것은 빈출頻出이라고 하지요.

✔️ 어휘 확인!

① 우리가 인터넷에서 얻을 수 있는 정보는 매우 다양하고, 양도 □□ 하기 때문에 선별해서 받아들여야 해.

② 교내 체육대회 하이라이트인 계주에서 우리 반이 □□한 차이로 이 겼어.

③ '문턱이 닳도록 드나들다'라는 말은 매우 □□하게 드나든다는 것 을 의미해.

④ 우리나라 인기 스포츠의 □□ 산맥은 축구와 야구야.

⑤ 어려운 이웃을 돕기 위해 □□하지만 성금을 냈어.

정답 : ① 방대 ② 근소 ③ 빈번 ④ 양대 ⑤ 미약

➤ 함께 알아두기 ◀

극대화極大化　아주 커짐. 또는 아주 크게 함.
　　　▶ 판소리 소리꾼은 이야기 전체의 짜임보다는 흥미와 감동을 위해 관객이 관심을 보이는 대목을 열거와 대구 등을 통해 집중 적으로 확장하게 되는데, 이를 '장면의 **극대화**'라고 해.

지대하다　더할 수 없이 크다.
至大--　　▶ 대중문화가 청소년에게 끼치는 영향은 매우 **지대하다**.

희소稀少　매우 드물고 적음.
　　　▶ 판매 시기나 수량이 정해져 있는 한정판 제품은 **희소**해서 더 욱 소비자들의 주목을 끌고 있어.

감하다感--　일정한 양이나 정도에서 일부를 떼어 줄이거나 적게 하다.
　　　▶ 월급에서 세금을 **감하고** 나니 남는 돈이 거의 없네.

1. 다음 뜻에 해당하는 말을 고르세요.

(1) 몫을 갈라 나눈 양
① 함량 ② 계량 ③ 감량 ④ 내지 ⑤ 할당량

(2) 둘 이상의 수
① 건수 ② 변수 ③ 복수 ④ 횟수 ⑤ 상당수

(3) 일정한 양이나 정도에서 일부를 떼어 줄이거나 적게 하다
① 감하다 ② 무궁무진 ③ 약소하다 ④ 근소하다 ⑤ 지대하다

2. 다음 중 '률' 또는 '율'이 <u>잘못</u> 쓰인 말을 두 개 고르세요.

① 확률 ② 점유율 ③ 백분율 ④ 합격율 ⑤ 성공율

3. 다음 밑줄 친 말을 문맥에 맞게 고쳐 쓰세요.

(1) 그 친구는 갈수록 우리 반에 출입하는 횟수가 <u>약소</u>해져 아예 우리 반에서 살다시피 했다.

(2) 우리 학교 학생들의 <u>극소수</u>가 아침을 먹지 않고 등교하는 것으로 조사되었기 때문에, 아침 먹기 캠페인이 시급합니다.

(3) 라면에는 나트륨 <u>감량</u>이 높아 많이 먹을 경우 혈압, 심뇌혈관 질환 등을 일으킬 수 있어.

4. 다음 열쇳말을 보고 십자말풀이를 완성하세요.

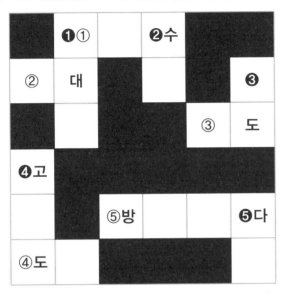

〈가로 열쇠〉

① 아주 적은 수효

② 두 기둥을 삼을 만큼 큰 두 가지를 이를 때 쓰는 말

③ 같은 현상이나 일이 반복되는 정도나 횟수

④ 길이, 부피, 무게 등을 재서 사물의 양을 헤아림

⑤ 규모나 양이 매우 크거나 많다

〈세로 열쇠〉

❶ 아주 커짐. 또는 아주 크게 함

❷ 낱낱의 수

❸ 그 이상을 넘지 않도록 정해진 정도나 범위

❹ 어려움의 정도가 매우 큼. 또는 그런 것

❺ 분량이나 정도의 많음과 적음.

제 9 장

모양과 빛깔

먹고 죽은 귀신이
때깔도 곱대

ꕔ.

도로의 **너비**는 차 한 대가 겨우 지나갈 수 있을 정도로 좁은 데다 **굴곡**이 엄청 심했어요. 이런 곳에 음식점이 있을까 의심스러웠지요. 어렵게 찾아간 그곳은 예상보다 **규모**가 컸어요. 다양한 **꼴**의 접시에 담긴 **때깔**이 곱고 화려한 요리를 보자 오면서 했던 고생이 싹 잊혔어요.

이 옷 봐. **성글게** 짠 옷도 있고, **정교하게** 짠 옷도 있지? 사람도 그래. 이런 사람도 있고 저런 사람도 있어. 그러니까 다른 사람에게 **모난** 말은 하지 마. 공연히 **첨예한** 갈등만 생긴다니까. 독설을 들어도 사람들은 주먹을 맞을 때처럼 **둔탁한** 통증을 느끼는 법이거든.

여기에 천연 염색을 한 **각양각색**의 천들이 **다채롭게** 펼쳐져 있지요? 이 진한 남색이 **쪽빛**인데, 쪽이라는 풀에서 염료를 얻었답니다. 전통 염색을 할 때는 **잿빛**이 나는 잿물도 이용하는데, 잿빛은 어떤 색일까요? 영철아! 선생님이 화나서 얼굴이 **붉으락푸르락**하지 않게 떠들지 말고 조용히 좀 해 줄래?

무언가를 자꾸 부수고 새롭게 만들려고 하는 **유형**의 사람들이 있어. **원형** 그 자체로 아름다운 **형상**을 자꾸 손을 대서 **기형**적으로 바꾸려고 하거든. 이 건축물을 봐. 문화재로도 손색없는 건축물을 이렇게 흉측하게 바꿔 버렸잖아. 더 놀라운 건 이렇게 건축물을 흉측하게 만들어 버린 사람이 **무형문화재**로 지정된 목수라는 거야.

다채롭다

꼴

때깔

각양각색

성글다

정교하다

안녕!

굴곡

무형

쪽빛

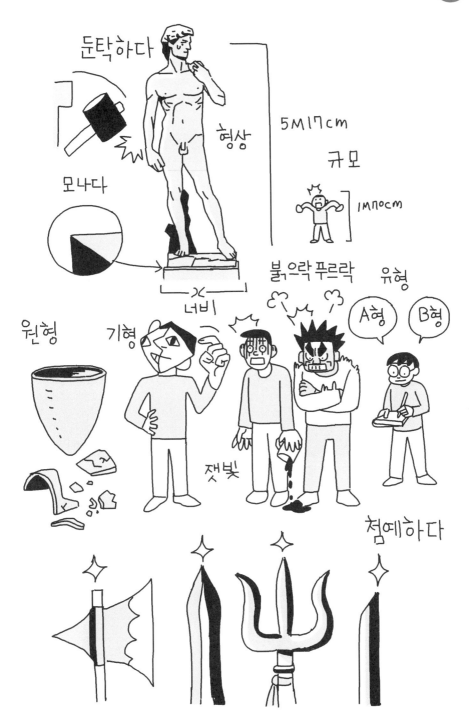

둔탁하다

형상

5M17cm

규모

1M70cm

모나다

너비

불으락푸르락

유형

원형

기형

잿빛

A형 B형

첨예하다

꼴

사물의 모양. 낮잡아 이르는 말로 사람의 겉모습이나 어떤 형편이나 상황.

◎ 꼴은 거지꼴, 글꼴, 네모꼴, 닮은꼴과 같이 다른 말과 결합할 때도 대부분 모양을 뜻해요. 꼴 자체에 낮잡아 이르는 뜻이 있지만, 꼴을 낮잡아 이르는 꼬락서니라는 말도 있어요.

때깔

겉으로 드러나는 보기 좋은 모양과 빛깔.

◎ 빛깔은 빛을 받아 나타나는 물체의 색으로, 색깔이나 색채와 비슷한 말이에요.

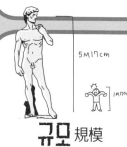

규모 規模

물건이나 현상의 크기나 범위. 씀씀이의 계획성이나 짜임새.

◎ 어떤 것의 크기나 범위가 크면 대규모라고 하고 작으면 소규모라고 합니다. 규모가 큰 회사는 대기업, 작은 회사는 소기업이 되겠지요?

굴곡 屈曲

이리저리 꺾이고 휘어서 구부러진 곳. 인생이나 어떤 일의 과정에서 잘되고 잘 안되는 일이 번갈아 나타나는 것.

◎ 굴곡에 그런 성질이 있다, 그런 모양이다라는 뜻을 더해 형용사를 만드는 접미사 −지다가 붙으면 굴곡지다가 돼요. '굴곡진 인생'과 같이 쓰이지요.

너비

평면이나 넓은 물체의 가로 길이.
비슷한말 폭幅, 넓이

◎ 천이나 종이 등의 너비를 가리키는 말은 나비예요. 벽지나 장판지 등의 가로 길이에 사용하지요.

✔️ 어휘 확인!

① 요즘은 먹고살 만한가? □□이 남다르게 좋더라.

② 이 강은 물살이 빠르고 수심이 깊은 데다 □□가 너무 넓어. 우리가 맨몸으로 강을 건너기는 위험하니까 근처에서 배를 구해 보자.

③ '흔들리지 않고 피는 꽃이 어디 있으랴.'라는 시인의 시구처럼 길에는 울퉁불퉁한 □□이 있고, 삶에는 희로애락의 □□이 있는 거야.

④ 우리 가게 주변에 □□가 큰 할인점이 들어서는 바람에 장사가 잘 안 된단다. 지출 □□를 줄이고 어떻게든 절약을 해야겠구나.

⑤ 아빠 회사가 갑자기 부도가 나는 바람에 □이 말이 아니게 되었어.

① 혈색 ② 강폭 ③ 노면, 국면 ④ 규모, 규모 ⑤ 꼴

➤ 함께 알아두기 ◀

외형外形 사물의 겉모양. 겉으로 드러난 형편.
▶ 이 자동차는 **외형**이 아름답지만 안전성에 문제가 많아.

규격規格 표준으로 삼아 따르도록 정해 놓은 수치나 형식.
▶ A4 용지는 **규격**이 정해져 있기 때문에 어느 회사에서 만든 A4 용지든 그 크기가 같은 거야.

변모變貌 모양이나 모습이 바뀌거나 달라짐. 또는 그런 모양이나 모습.
▶ 시골의 폐교들이 박물관이나 미술관으로 새롭게 **변모**하고 있어.

모나다

사물의 겉 부분에 모가 져 있다. 말이나 행동이 원만하지 못하고 까다롭다.

⟳ 모나다는 모에서 온 말입니다. 모는 주로 '모가 나다'와 같이 물체의 겉으로 삐죽하게 튀어나온 귀퉁이를 뜻하거나, '모로 몰다'와 같이 공간의 구석이나 모퉁이를 뜻해요.

둔탁하다 鈍濁--

성질이 굼뜨고 흐리터분하다. 소리가 굵고 거칠며 깊다. 생김새가 거칠고 투박하다.

⟳ 둔중하다는 부피가 크고 무겁다, 소리가 둔하고 무겁다, 행동이나 동작이 둔하고 느리다라는 뜻을 가지고 있어요.

첨예하다 尖銳--

날카롭고 뾰족하다. 상황이나 사태가 날카롭고 거세다.

⟳ 첨예하다에서 첨尖은 위가 작고[小] 아래가 크니까[大] 뾰족하거나 날카롭다는 뜻이 됩니다.

정교하다 精巧--

솜씨나 기술이 빈틈이 없이 자세하고 뛰어나다. 내용이나 구성이 정확하고 자세하다.

⟳ 정精은 정성을 들여 매우 곱다, 자세하다는 뜻이고, 교巧는 솜씨가 있다, 아름답다는 뜻이에요.

성글다

비슷한 것들 여러 개의 사이가 좁지 않고 조금 떨어져 있다. 비슷한말 성기다

⟳ 물건의 사이가 비좁거나 촘촘할 때는 '그물코가 배다'와 같이 배다를 씁니다.

✅ 어휘 확인!

① 부엌에서 물건이 떨어지는 소리가 ☐☐☐☐ 들렸어. 다음 날 아침에 주방을 봤더니 도마가 바닥에 떨어져 있었어.

② 배추는 간격이 좀 ☐☐☐ 심어야 해. 배추를 너무 촘촘하게 심으면 서로가 부대껴서 속이 제대로 찰 수가 없단다.

③ 시계의 부품은 매우 ☐☐하게 만들어야 해. ☐☐함이 떨어지면 고장도 잘 나지만 무엇보다 시간이 맞지 않아.

④ 진영과 민경은 영화의 주연을 차지하기 위해 ☐☐☐☐ 대립했어.

⑤ 거친 돌도 구르다 보면 ☐☐ 부분이 사라져 조약돌이 된단다.

정답 ① 어렴풋이 ② 성기게 ③ 정밀, 정밀 ④ 첨예하게 ⑤ 모난

➤ 함께 알아두기 ◀

무디다
칼이나 가위 등의 날이나 끝이 날카롭지 못하다.
▶ 가위가 무뎌서 종이가 잘 잘리지 않아.

오롯하다
모자람이 없이 온전하다.
▶ 사랑을 **오롯하게** 받은 사람은 세상을 더 아름답게 볼 줄 알아.

선명하다
鮮明--
뚜렷하고 분명하다.
▶ 텔레비전을 새로 샀더니 **선명한** 화질과 소리가 맘에 들어.

완만하다
緩慢--
움직임이 느리다. 기울어진 상태나 정도가 가파르지 않다.
▶ 세상을 살아가다 보면 **완만한** 비탈도 만나겠지만 가파른 절벽을 맞닥뜨릴 수도 있지.

각양각색 各樣各色

여러 가지의 모양과 색깔.

비슷한말 가지각색--各色, 형형색색形形色色

◎ 각各은 여러 가지라는 뜻을 더해 주는 한자예요. 각계 각층, 각국, 각종과 같이 쓰이지요.

다채롭다 多彩--

여러 가지 색, 종류, 모양 등이 어울려 다양하고 화려하다.

◎ 다양하다는 말은 색깔, 모양, 종류, 내용 등이 여러 가지로 많다는 뜻이에요.

쪽빛

파란빛과 보랏빛의 중간인 짙은 푸른빛.

비슷한말 남빛藍-

◎ 전통 염색에서 쪽이라는 풀을 염료로 삼아 만들어진 색이기 때문에 쪽빛이라고 해요. 쪽풀 람藍 자를 보면 알 수 있듯이 남색이 곧 쪽빛입니다.

잿빛

재의 빛깔과 같이 흰빛을 띤 검은빛.

비슷한말 회색빛灰色-, 회색灰色

◎ 회색의 회灰는 재라는 뜻의 한자예요. 재는 불에 타고 남는 가루 모양의 물질을 말해요. 그래서 회색은 잿빛과 같은 말이랍니다.

붉으락푸르락

몹시 화가 나거나 흥분하여 얼굴빛 등이 붉게 또는 푸르게 변하는 모양.

◎ 화가 나면 혈관이 팽창하기 때문에 얼굴이 전체적으로 붉어져요. 그래서 얼굴이 붉으락푸르락하다고 표현하지요. 울그락불그락으로 잘못 쓰면 안 돼요.

✅ 어휘 확인!

① 아버지는 당신의 실수에 대한 자책과 사람들의 비난에 대한 분노로 얼굴이 □□□□□□하셨다.

② 시장에 가면 □□□□의 사람들을 볼 수 있어요.

③ 어중간하고 칙칙한 □□보다는 차라리 흰색이나 검은색이 나아.

④ 하늘과 바다가 구름 한 점 없이 온통 □□이야.

⑤ 이번 가을 운동회에는 재미있고 □□□□ 행사가 준비되어 있으니 까 꼭 참석해 주세요.

정답 : 각양각색 / 희끄무레 / 거무튀튀 / 음영 / 광채

➤ 함께 알아두기 ◀

광채光彩   밝고 아름다운 빛. 주로 사람의 눈에서 보이는 매우 생기 있 는 기운.
> ▶ 보석은 단단하고 **광채**가 있어. 희귀하고 값이 비싸지.

음영陰影   빛이 어떤 물체에 가려져 생긴 어두운 부분.
> ▶ 햇빛이 강해서 그런지 석고상에 **음영**이 짙게 드리워졌어요.

거무튀튀하다   탁하고 너저분하게 검은빛이 조금 나다.
> ▶ 청소하다가 구정물이 튀었는지 교실 벽이 **거무튀튀해**졌어.

희끄무레하다   생김새가 깨끗하고 빛깔이 조금 희다. 어떤 사물의 모습이 나 불빛 등이 선명하지 않고 흐릿하다.
> ▶ 옅은 안개 사이로 **희끄무레한** 산이 보일 듯 말 듯해.

형상 形象

사물의 생긴 모양이나 상태.

◎ 형상화는 모습이 분명하지 않은 것을 구체적이고 명확한 모양으로 나타내는 것을 말해요.

원형 原形

원래의 모양이나 형태. 복잡하고 다양한 모습으로 바뀌기 이전의 단순한 모습. 동사, 형용사와 같이 활용하는 단어에서, 활용형의 기본이 되는 형태.

◎ 동음이의어 원형原型은 같거나 비슷한 여러 개가 만들어져 나온 본바탕을 말하고, 원형圓形은 둥근 모양을 뜻해요.

유형 類型

성질이나 특징, 모양 등이 비슷한 것끼리 묶은 하나의 무리, 또는 그 무리에 속하는 것.

◎ 동음이의어 유형有形은 보거나 만질 수 있도록 일정한 모습을 갖추고 있다는 뜻이에요.

무형 無形

구체적인 모양이나 모습이 없음.

◎ 무형문화재는 전통의 연극, 무용, 음악, 공예 기술 등과 같이 구체적인 모습이나 모양이 없는 문화재를 말해요. 그럼 유형문화재는 건축물과 같이 구체적인 모습이나 모양이 있는 문화재겠지요?

기형 畸形

사물의 구조나 생김새 등이 정상과 다른 모양. 동물이나 식물의 생김새가 정상과 다른 모양.

◎ 기형아는 신체의 발육이나 기능에 장애가 있어 정상과는 다른 모습으로 태어난 아이를 말해요.

어휘 확인!

① 나는 분명히 호랑이의 ☐☐을 상상하고 만들었는데, 만들고 나니까 고양이의 ☐☐에 더 가까워졌어.

② 산모가 임신 초기에 방사능에 노출되면 세포에 변형이 생겨서 ☐☐ 아를 출산할 가능성이 있대.

③ 문화재 중에서 연극, 무용, 음악, 공예 기술 등은 ☐☐문화재이고, 건축물, 그림, 조각, 책 등은 유형문화재야.

④ 무작정 문제를 많이 푼다고 성적이 오르지는 않아. 문제의 ☐☐을 잘 파악하면서 공부를 해야 해.

⑤ 아무리 아름다운 그릇이라도 한 번 깨어지고 나면 ☐☐을 복원할 수 없단다. 우정도 그릇과 같으니까 소중히 다루어야 해.

정답: ① 형상 ② 기형 ③ 무형 ④ 유형 ⑤ 원형

➤ 함께 알아두기 ◄

형국形局   어떤 일이 벌어진 형편이나 상황.
▶ 아무리 살펴봐도 나에게 불리한 **형국**이야.

형세形勢   살림살이의 형편. 일이 되어 가는 형편. 힘차게 뻗치는 기운 이나 세력.
▶ 처음엔 앞서 나갔는데 점점 밀리는 **형세**야.

나선형螺旋形   소라의 껍데기처럼 한 방향으로 비틀려 빙빙 돌아간 모양.
▶ **나선형** 계단은 건물에서 계단이 차지하는 공간을 줄여 줘.

1. 다음 뜻에 해당하는 말을 고르세요.

(1) 평면이나 넓은 물체의 가로 길이
  ① 너비   ② 높이   ③ 깊이   ④ 무게   ⑤ 부피

(2) 사물의 모양. 낮잡아 이르는 말로 사람의 겉모습이나 어떤 형편
  ① 꼴   ② 때깔   ③ 빛깔   ④ 색깔   ⑤ 외형

(3) 탁하고 너저분하게 검은빛이 조금 나다
  ① 선명하다   ② 둔탁하다   ③ 완만하다   ④ 거무튀튀하다   ⑤ 희끄무레하다

2. 비슷한말끼리 연결하세요.

쪽빛   •   • 회색빛
잿빛   •   • 남빛
각양각색 •   • 형형색색

3. 〈보기〉의 빈칸에 들어갈 알맞은 말을 쓰세요.

─────── 〈보기〉 ───────

문화재란, 문화 활동에 의하여 창조된 가치가 뛰어난 사물을 가리켜요. 문화재는 크게 두 가지로 나눌 수 있답니다. 첫째는 (1)_____ 문화재로 구체적이고 일정한 모양이 없는 문화재입니다. 연극, 무용, 음악, 공예 기술 등 역사적 또는 예술적으로 가치가 큰 것을 대상으로 합니다. 형체가 없기 때문에 대부분 그 기능을 갖고 있는 사람이 문화재로 지정된답니다. 둘째, (2)_____ 문화재란 보존할 가치가 있는 문화재 중에 구체적인 모양을 가진 문화재를 말해요. 예를 들면, 건축물, 책, 글씨, 그림, 도자기, 탑 등이지요.

4. 〈보기〉의 빈칸에 들어갈 알맞은 말을 둘 중에서 고르세요.

─────────── 〈보기〉 ───────────

(1) 자동차는 <u>외모 / 외형</u>보다 안전이 중요해요. <u>규격 / 규범</u>에 맞도록 <u>엉성하게 / 정교하게</u> 깎은 부품을 사용하도록 하세요. 그래야 우리 회사 제품의 품질이 좋아져서 <u>규모 / 변모</u>가 큰 회사와 경쟁할 수 있어요.

(2) 이 달 항아리는 <u>음영 / 형상</u>이 보름달을 닮았습니다. 하지만 위와 아래의 몸통을 따로 만들어 붙였기 때문에 둥근 원이 일그러져서 <u>기형 / 나선형</u>처럼 보일 수 있습니다. 작품을 살펴보면 흠 하나 없이 <u>무형 / 원형</u>은 잘 보전되어 있지만, 이렇게 비례가 안 맞는 <u>유형 / 고형</u>의 달 항아리는 쉽게 구할 수가 있습니다.

(3) 삶에서 많은 <u>굴곡 / 보람</u>을 겪었기 때문인지 그의 까칠한 얼굴에는 짙은 <u>음영 / 행복</u>이 드리워져 있었다. 하지만 양측의 <u>유예한 / 첨예한</u> 논쟁 속에서도 그의 정교한 논리는 빛을 발했다. 그는 <u>다채로운 / 다정다감한</u> 근거로 상대방의 얼굴을 <u>붉으락푸르락하게 / 푸르락붉으락하게</u> 만들었다. 내가 이번 토론의 <u>형세 / 형태</u>를 판단하면 우리에게 일방적으로 유리했다.

5. 〈보기〉에 제시한 뜻과 <u>다르게</u> 쓰인 말을 고르세요.

〈보기〉	• 꼴-모양을 이르는 말

① 글꼴   ② 꼴값   ③ 닮은꼴   ④ 거지꼴   ⑤ 네모꼴

수량을 세는 단위

1 5
3 4 2

단
부추 한 단

짚, 나무, 채소 등의 묶음을 세는 단위.

두름
조기 한 두름

생선을 세는 단위. 조기 스무 마리를 열 마리씩 두 줄로 묶어 놓은 것이 한 두름이다.

손
고등어 한 손

조기, 고등어 등은 큰 것 하나와 작은 것 하나를 합한 것. 미나리나 파 등은 한 줌 분량을 이르는 단위.

모
두부 한 모

두부나 묵과 같이 모난 물건의 수량을 세는 단위.

접
마늘 한 접

채소나 과일 등을 세는 단위. 마늘 백 개가 한 접이다.

톨
밤 한 톨

밤이나 도토리 등을 세는 단위.

톳
김 한 톳

김을 묶어 세는 단위. 김 백 장이 한 톳이다.

꾸러미
달걀 한 꾸러미

달걀을 세는 단위. 달걀 열 개가 한 꾸러미다.

닢
동전 한 닢

쇠붙이로 만든 얇은 물건 을 세는 말.

벌
옷 한 벌

옷이나 그릇의 짝이나 덩 어리를 세는 단위.

채
이불 한 채

집, 큰 기구, 이불을 세는 단위.

첩貼
약 한 첩

약봉지에 싼 약의 뭉치를 세는 단위.

제劑
한약 한 제

한약의 수량을 세는 단위. 탕약 스무 첩이 한 제다.

타래
실 한 타래

동그랗게 감아서 뭉쳐 놓 은 실이나 노끈 등의 뭉치 를 세는 단위.

필
말 한 필

말이나 소를 세는 단위.

길이, 넓이를 재는 단위

뼘
두 뼘 크기

엄지손가락과 다른 손가락의 사이를 한껏 벌린 거리.

치
세 치 혀

한 자의 10분의 1 길이. 한 치는 약 3센티미터.

자
장농 열두 자

길이의 단위. 한 자는 약 30.3센티미터.

길
한 길 사람 속

길이의 단위. 한 길은 사람 키 정도의 길이.

아름
한 아름의 나무

두 팔을 둥글게 모아 만든 둘레의 길이.

평
땅 한 평

땅 넓이의 단위로 한 평은 약 3.3제곱미터.

마지기
논 두 마지기

논밭의 넓이를 재는 단위. 논은 150~300평, 밭은 100평 내외.

무게, 부피를 재는
단위

줌
한 줌의 흙

한 손에 쥘 만한 분량.

돈
금 한 돈

귀금속의 무게를 재는 단위. 열 돈은 한 냥이다.

근
돼지고기 한 근

고기나 한약재의 무게를 잴 때는 600그램, 과일이나 채소는 375그램.

관
감자 두 관

한 근의 열 배로 3.75킬로그램.

홉
밀가루 두 홉

곡식, 가루, 액체 등의 부피를 재는 단위.

되
보리 한 되

곡식, 가루, 액체의 부피를 재는 단위. 열 홉이 한 되다.

말
콩 네 말

곡식, 가루, 액체의 부피를 재는 단위. 열 되가 한 말이다.

섬
쌀 한 섬

곡식, 가루, 액체의 부피를 재는 단위. 열 말이 한 섬이다. 한 섬은 180리터.

제10장

자연

교실이 왜 이렇게
쑥대밭이 된 거지?

ᐳ.

멸종 위기에 있는 올빼미는 **야행성**이야. 요즘은 밤이 너무 밝다 보니 **번식**에도 어려움이 있겠지. 올빼미뿐만이 아니야. 지구온난화로 **동면**에 들어간 동물들이 너무 일찍 깨어나기도 한대. 이렇게 동물들의 생태계가 위협받게 되면 동물들이 진화하는 게 아니라 **퇴화**하게 되고, 결국 **하등동물**들만 살아남게 될 지도 몰라.

농경사회 이전에는 **채집**과 수렵을 통해 생활을 했대. 먹을거리가 풍성하지는 않았을 거야. 하지만 농경사회로 오면서 다양한 수목과 농작물들을 심고, 때가 되면 풍성하게 매달리는 **결실**을 수확하면서 잉여 농산물을 축적하게 되었대. 잉여 농산물의 축적이 사유 재산과 자본주의의 **근간**이 되었던 게 아닐까?

우리 땅에서 자란 씨앗이 점차 사라지고 있어. 이 상황을 막으려면 지금보다 더 **저돌적**인 연구가 필요해. 연구가 **위축**될수록 우리 먹을거리는 외국산 농산물에 완전 **잠식**당하고 말 테니까. 결국 농가들도 **쑥대밭**이 될 거야. 위기를 부르는 **싹수**는 미리 자르는 게 좋아.

우리 지구를 포함한 **천체**가 저마다의 질서를 가지고 제 **궤도**를 도는 것이 자연스러운 일인데 과학의 발달이라는 미명 하에 인공위성을 띄우는 게 잘하는 일일까? 사람의 손길이 닿지 않는 저 **천연**의 땅, **토종**의 땅을 개발하고 갈아엎는 게 잘하는 일일까? 요즘 내 마음 속에 발달과 개발에 반하는 마음의 **파동**이 자꾸 일어나고 있어.

번식

야행성

동면

ZZ

수목

채집

근간

토종

결실

수확

천체

궤도

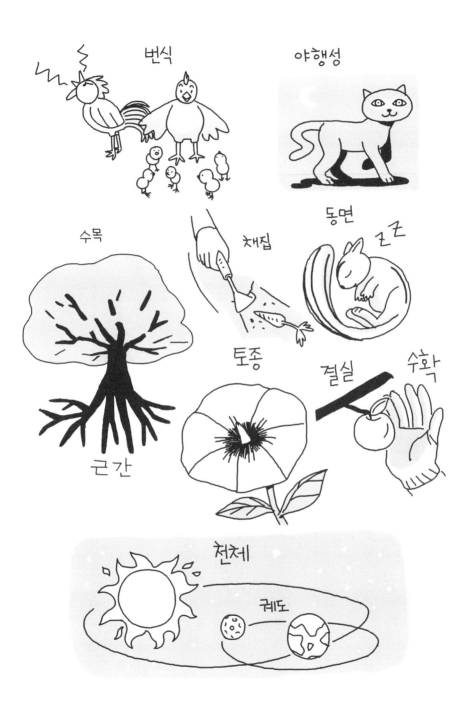

번식 繁殖

붙고 늘어서 많이 퍼짐. 비슷한말 불림

◎ 번繁과 식殖 모두 번성이라는 뜻을 가진 한자예요. 번식기는 동물이 새끼나 알을 낳는 시기를 말해요.

퇴화 退化

생물체의 기관이나 조직의 형태가 단순하게 되거나 크기가 줄어 발달 이전으로 변화함.
반대말 진화進化

◎ 퇴退는 물러난다는 뜻으로, 필요 없게 된 기관이 사라지는 것을 말해요. 물속에서 사는 올챙이가 개구리가 되면서 꼬리가 없어지는 것이 대표적인 예예요.

야행성 夜行性

낮에는 쉬고 밤에 활동하는 동물의 습성.
반대말 주행성晝行性

◎ 밤 야夜 자에 다닐 행行 자가 쓰여 밤에만 다닌다는 뜻이에요. 올빼미나 부엉이, 박쥐와 같은 동물이 여기에 속해요.

동면 冬眠

겨울이 되면 동물이 활동을 중단하고 땅속 등에서 겨울을 보내는 일. 비슷한말 겨울잠

◎ 어떤 활동이 일시적으로 멈추어 있는 상태에 있음을 비유적으로 이르는 말로도 쓰여요.

하등동물 下等動物

진화의 정도가 낮아 몸의 구조가 단순한 원시적인 동물. 일반적으로 무척추동물을 말함.

◎ 고등동물高等動物은 소화, 순환, 호흡, 비뇨, 생식, 신경, 운동 등의 기관을 가진 척추동물을 말해요.

어휘 확인!

① 생물의 몸 중 필요 없는 부분이 진화하면서 작아지거나 사라지는 것이 □□야.

② 물고기 같은 □□□□도 위기 상황에 부딪히면 싸움을 멈추고 서로 협력하여 적을 물리친대.

③ 여름철에는 기온이 높고 습기가 많아서 세균이 □□할 염려가 있으므로 음식물 관리를 잘해야 해.

④ 경칩은 개구리가 □□에서 깨어나는 시기로, 봄의 시작을 알리는 절기이다.

⑤ 부엉이와 올빼미는 밤에만 활동하는 □□□ 동물이야.

정답: ① 퇴화 ② 냉혈동물 ③ 번식 ④ 겨울잠 ⑤ 야행성

▶ 함께 알아두기 ◀

생태 生態
생물이 살아가는 모양이나 상태.
▶ 개미의 **생태**를 바탕으로 한 그 소설은 정말 흥미진진해.

서식 棲息
생물이 일정한 곳에 자리를 잡고 삶.
▶ DMZ는 사라져 가고 있는 희귀 동식물이 **서식**하는 곳이야.

냉혈동물
冷血動物
체온을 조절하는 능력이 없어서 바깥 온도에 따라 체온이 변하는 동물.
▶ 악어, 뱀 같은 파충류는 외부에 따라 온도가 변하는 **냉혈동물**에 속해.

수목 樹木

살아 있는 나무.

◎ 수목원은 여러 가지 나무와 다양한 식물을 심어 가꾸는 곳을 말해요. 식물의 관찰이나 연구 목적도 있지만 일반인에게 자연을 즐기는 공간으로도 공개하고 있어요.

채집 採集

널리 찾아서 얻거나 캐거나 잡아 모음.

◎ 농경사회 이전에는 채집과 수렵을 통해 생활을 했지요. 수렵은 사냥을 말해요.

수확 收穫

익은 농작물을 거두어들임. 또는 거두어들인 농작물. 비유적으로 어떤 일을 하여 얻는 성과.

◎ 농작물을 거두어들이는 시기를 수확기, 농작물을 거두어들인 양을 수확량이라고 해요.

결실 結實

곡식이나 과일나무가 열매를 맺거나 맺은 열매가 익음. 또는 그 열매. 보람 있게 달성된 일의 결과.

◎ 결과結果도 열매를 맺음을 뜻하는 말이에요. 그러나 맺은 열매가 익고, 일의 결과가 보람 있는 결실과 달리 결과에는 긍정적인 느낌이 포함되어 있지 않아요.

근간 根幹

식물의 뿌리와 줄기. 어떤 것의 중심이 되는 중요한 부분. 비슷한말 근본根本, 기초基礎

◎ 동음이의어 근간近間은 얼마 전부터 이제까지의 짧은 동안 또는 가까운 미래를 뜻해요.

어휘 확인!

① 울창한 □□에서 나오는 피톤치드는 사람 몸에 해로운 균을 살균하는 역할을 한대.

② 오랜 기간의 노력 끝에 드디어 □□을 맺었어.

③ 해녀들이 직접 □□한 굴과 전복을 바닷가에서 바로 먹으면 정말 맛있어.

④ 올가을에는 벼 □□이 다른 해보다 빠른 것 같아.

⑤ 통일 신라는 불교를 □□으로 하여 정치와 문화가 발달하였대.

① 삼림 ② 결실 ③ 채취 ④ 추수 ⑤ 근간

 ## ➤ 함께 알아두기 ◀

상록수常綠樹   소나무, 대나무와 같이 일 년 내내 잎이 푸른 나무.
     ▶ 정원에 심은 **상록수**들이 푸르게 빛나고 있었어.

파종播種   논밭에 곡식이나 채소의 씨를 뿌림.
     ▶ 상추 **파종**은 4월에 해야 돼.

종자種子   동물의 혈통이나 품종. 식물에서 나온 씨 또는 씨앗.
     ▶ 같은 **종자**일지라도 기후와 토양의 조건에 따라 다르게 자란대.

멸종滅種   생물의 한 종류가 아주 없어짐. 또는 생물의 한 종류를 아주 없애 버림.
     ▶ 사람들의 무분별한 사냥으로 많은 동물들이 **멸종** 위기에 처해 있어.

저돌 猪突

앞뒤를 생각하지 않고 막무가내로 덤비거나 부딪침.

⟳ 저猪는 멧돼지를 뜻하는 한자예요. 멧돼지가 갑자기 달려드는 것처럼 앞뒤를 생각하지 않고 달려드는 상황을 나타낼 때 주로 사용해요.

위축 萎縮

마르거나 시들어서 쪼그라들거나 부피가 작아짐. 어떤 힘에 눌려 기를 펴지 못함.

⟳ 동음이의어 위축蝟縮에서 위蝟는 고슴도치를 뜻하는 한자예요. 고슴도치가 적을 만나면 몸을 움츠리는 것처럼 두려워서 몸이 움츠러드는 것이 위축이지요.

잠식 蠶食

누에가 뽕잎을 먹듯이 점차 조금씩 침략하여 먹어 들어감.

⟳ 잠蠶은 누에를 뜻하는 한자예요. 누에는 뽕잎을 먹고 살며 비단실의 원료가 되는 고치를 지어 그 속에서 살다가 나방이 되는 벌레를 말해요.

쑥대밭

쑥이 무성하게 자라 있는 거친 땅. 비유적으로 매우 어지럽거나 못 쓰게 된 모양. 비슷한말 쑥밭

⟳ 쑥은 생명력이 강해서 사람의 손길이 닿지 않으면 허리춤까지 자라난 쑥대로 밭이 가득 찬다고 해요. 쑥대밭이 되었다는 말은 폐허로 변하였다는 뜻이에요.

싹수

어떤 일이나 사람이 앞으로 잘될 것 같은 낌새나 징조. 비슷한말 싹

⟳ '싹수없다', '싹수가 노랗다'는 성공할 가능성이 없어 보이는 일이나 사람을 비유적으로 이를 때 쓰는 말이에요.

어휘 확인!

① 처음에는 자신만만했지만 심사위원석에 앉아 있는 심사위원들의 표정을 보니까 나도 모르게 ☐☐되었어.

② 자고 일어났더니 머리가 ☐☐☐으로 변해서 감지 않을 수 없었어.

③ 지완이는 어른들에게 꼬박꼬박 말대답을 해서 ☐☐가 없다는 말을 많이 들어.

④ 상대편의 ☐☐적인 공격에 우리 수비는 속수무책으로 당하고 말았어.

⑤ 수입 농산물이 우리 식탁을 서서히 ☐☐하고 있어.

정답 : ① 위축 ② 까치집 ③ 버릇 ④ 파상 ⑤ 잠식

▶ 함께 알아두기 ◀

칩거蟄居 나가서 활동하지 않고 집 안에만 틀어박혀 있음.
  ▶ 그는 며칠 동안 집밖에 나오지 않고 **칩거** 상태로 있어.

추호秋毫 가을철에 털갈이하여 새로 돋아난 짐승의 가는 털. 매우 적거나 조금인 것을 비유적으로 이르는 말.
  ▶ 민호는 선생님께 **추호**의 거짓도 없이 어제 준서와 있었던 일을 사실대로 말했어.

낭패狼狽 계획한 일이 실패로 돌아가거나 기대에 어긋나 매우 딱하게 됨.
  ▶ 이런 장마철에 우산을 가지고 다니지 않으면 갑자기 비가 내려 큰 **낭패**를 볼 수 있어.

천체 天體

우주에 있는 모든 물체.

💡 천체는 항성, 행성, 위성, 혜성, 성단, 성운, 성간 물질, 인공위성 등을 통틀어 이르는 말이에요. 천체를 관측한다는 건 이 모든 것을 관찰한다는 거예요.

궤도 軌道

행성이나 혜성, 인공위성 등이 중력의 영향을 받아 다른 천체의 주위를 돌면서 그리는 일정한 곡선의 길.

💡 궤도는 일이 정상적으로 진행되어 가는 과정이라는 뜻도 있어요. 본궤도는 일이 본격적으로 되어 가는 단계를 뜻하는 말이지요.

천연 天然

사람의 힘을 가하지 않고 저절로 이루어진 자연 그대로의 상태.

💡 자연적인 것이 아닌, 사람의 힘으로 만들어낸 것은 인공, 또는 인위라고 해요.

토종 土種

원래부터 그곳에서 나는 종자. 대대로 오랫동안 한 고장에서 살아온 사람.

💡 토종닭, 토종꿀, 토종개와 같이 다른 명사들과 함께 쓰여 고유한이라는 뜻을 더해 줘요.

파동 波動

물결의 움직임. 공간의 한 점에서 일어난 물리적인 상태의 변화가 주변으로 퍼지는 현상.

💡 마음속의 변화나 갈등 또는 어떤 현상이 사회에 널리 퍼져 커다란 영향을 미치는 것을 뜻하기도 해요.

☑ 어휘 확인!

① 석회암 동굴은 아주 오래전 □□의 모습을 간직하고 있어.

② □□를 관측하기 위해 아파트 베란다에 망원경을 설치했어.

③ 갑자기 쏟아진 폭우 때문에 기차가 □□에서 이탈하는 사고가 났어.

④ 커다란 유람선이 지나가니까 강물에 큰 □□이 생기네?

⑤ 우리나라의 □□ 물고기를 닥치는 대로 잡아먹는 큰입배스가 사회적으로 문제가 되고 있대.

➤ 함께 알아두기 ◀

주류主流   강물의 원줄기가 되는 큰 흐름. 학문, 사상, 문예 활동 등에서 중심이 되는 흐름이나 경향.
▶ 우리 모임의 **주류**와 비주류 사이에 작은 갈등이 생겼어.

일조日照   햇볕이 내리쬠.
▶ 서해안은 넓은 개펄과 **일조**량이 풍부해서 염전이 발달했지.

고갈枯渴   물이 말라서 없어짐. 어떤 일의 바탕이 되는 돈이나 물자, 소재, 인력 등이 다하여 없어짐. 느낌이나 생각 등이 없어짐.
▶ 오랜 가뭄으로 저수지의 물이 **고갈**되어 바닥을 드러냈어.

여파餘波   큰 물결이 지나간 뒤에 일어나는 잔물결. 어떤 일이 끝난 뒤에 남아 미치는 영향.
▶ 상민이는 럭비 훈련 중에 어깨를 다쳐 그 **여파**로 몇 개월 동안 시합에 참가하지 못했어.

155

1. 다음 뜻에 해당하는 말을 고르세요.

(1) 익은 농작물을 거두어들임
① 멸종 ② 서식 ③ 잠식 ④ 수확 ⑤ 생태

(2) 어떤 힘에 눌려 기를 펴지 못함
① 여파 ② 위축 ③ 칩거 ④ 저돌 ⑤ 고갈

(3) 매우 적거나 조금인 것을 비유적으로 이르는 말
① 추호 ② 주류 ③ 멸종 ④ 근간 ⑤ 천연

2. 〈보기〉를 읽고 내용이 설명하는 말을 쓰세요.

〈보기〉

(1) '생식'과 비슷한 뜻으로 쓰이지만, 동물에서는 짝짓기 외에도 출산, 육아 등을 포함하고, 식물에서는 꽃가루받이, 열매 맺기, 씨 퍼뜨리기 등을 포함해요. 즉, 생물이 종족의 수를 늘려나가는 여러 활동을 뜻하는 더 넓은 의미로 쓰이는 경우가 많습니다.

(2) 낭과 패는 전설 속에 나오는 동물로 낭은 용감하긴 하나 뒷다리가 없거나 아주 짧고 겁쟁이인 대신에, 패는 꾀가 많고 앞다리가 없거나 아주 짧았다고 해요. 그렇기 때문에 낭과 패는 둘이가 합하여져야만 제구실을 할 수 있는 완전한 동물이 될 수 있었어요. '낭(狼)'과 '패(狽)'가 걸을 때에는 '패(狽)'가 늘 '낭(狼)'의 등에 앞다리를 걸쳐야 해요. '낭(狼)'과 '패(狽)'가 합쳐져야만 걸을 수 있지, 둘이 떨어지면 그 즉시 고꾸라지고 말지요. 그렇게 붙어 다니다가 혹 떨어지는 경우가 생기면 둘이는 아무 일도 할 수 없는 바보스러울 수밖에 없었습니다. 즉, 낭과 패는 떨어지면 모든 일이 하고자 하는 대로 되지 않고 실패로 돌아가게 된답니다.

3. 비슷한말끼리 연결하세요.

동면 •   • 쑥밭
근간 •   • 기초
쑥대밭 •   • 불림
번식 •   • 겨울잠

4. 다음의 설명이 가리키는 말을 〈보기〉에서 찾아 쓰세요.

〈보기〉	• 동면 • 잠식 • 냉혈동물

(1) 개구리, 곰, 겨울잠, 일시적인 활동 중지

(2) 악어, 뱀, 파충류, 체온 변화

(3) 누에, 뽕잎, 먹어 들어감

5. 다음 밑줄 친 말을 문맥에 맞게 고쳐 쓰세요.

(1) 그녀는 어린 시절부터 가르치는 걸 좋아해서, 교사로서의 결실이 보였다.

(2) 그는 문을 닫아걸고 틀어박혀 누구와도 만나지 않고 세 달 동안 서식하였다.

(3) 러시아 역도 선수단의 약물 멸종으로 우리나라 선수가 올림픽에서 놓쳤던 동메달을 목에 걸었다.

제11장

위치와 방향

우리 집 영순위는
나야, 나

도착

지표

인근

먼발치

선두

다방면

상위권

▶.

극장에서 영화를 볼 때 최고 **명당**자리가 어딘지 아니? 극장에서 높은 **직위**에 계시는 우리 삼촌이 귀띔해 주셨어. 극장 **지점**에 따라 다르기는 하지만 **광범위**하게 볼 때 뒤에서부터 3분의 1이 되는 위치에 있는 열에서 한가운데 자리가 **영순위**라고 하더라.

어제 학교 **인근** 공터에서 학생 참여 음악회가 열렸어. 그동안 음악회는 **먼발치**에서 감상하는 게 다였는데, 나와 **밀접**한 관계에 있는 친구들의 무대 위 모습을 보니 정말 아름답더라. 그동안 무엇을 해야 좋을지 **갈피**를 잡을 수 없었는데, 열정의 대상은 **도처**에 얼마든지 있다는 것을 알게 됐지.

그간 야구 대회에서 줄곧 **상위권**을 유지하던 우리 학교를 제치고 옆 학교가 **선두**를 차지했습니다. 이것이 **시발점**이 되어 교내 야구부를 **전면적**으로 혁신해야 한다는 의견이 제시되었습니다. **하부**에서부터 상부에 이르기까지 모든 것을 새롭게 고쳐 나가기로 결정하였습니다.

문명의 **사각**지대라 불리던 아프리카 대륙을 찾아 떠난 여행에서 나는 문명의 **지표**를 발견할 수 있었어. 바로 지구상 가장 **방위**가 정확한 건축물이라는 이집트의 거대한 피라미드였어. 이집트 문명이 **지향**했던 바가 무엇인지 **다방면**으로 연구하고 싶어졌어. 이 여행을 다녀와서 인류학자가 되기로 결심했지.

상위

선두

먼발치

직위

회장 홍길동

지향

방위

N
3 0 E
S

전면

다방면

시발점

광범위 廣範圍

범위가 넓음. 또는 넓은 범위.

◐ 범위는 테두리가 정하여진 구역, 어떤 것이 미치는 한계를 말해요. 이때 테두리는 '테두리를 치다'와 같이 죽 둘러서 친 줄이나 금을 뜻하고, '법의 테두리'와 같이 일정한 범위나 한계를 뜻하기도 해요.

영순위 零順位

어떤 일에서 가장 우선적인 자격을 가지는 순위.

◐ 우선순위優先順位는 어떤 것을 먼저 차지하거나 사용할 수 있는 차례나 위치를 뜻하는 말이에요.

직위 職位

직장에서 책임을 지고 맡은 일에 따른 사회적·행정적 위치.

◐ 직위는 보통 사원, 대리, 과장, 부장, 전무 등을 일컬어요. 직장에서 맡은 일의 등급은 직급이라고 하고, 직업상 맡은 일에 따른 책임은 직책이라고 불러요.

지점 地點

어떤 지역 안의 특정한 곳.

◐ 동음이의어 지점支店은 본점에서 갈라져 나온 점포를 말해요. 지점은 본점의 지휘와 명령에 따르면서도 부분적으로 독립한 기능을 가지고 있어요.

명당 明堂

어떤 일을 하기에 아주 좋은 자리. 풍수지리에서 자손에게 장차 좋은 일이 많이 생기게 된다는 좋은 집이나 무덤의 자리.

◐ 역사적으로 국가를 세울 때 풍수지리에 따라 명당에 도읍을 정하기도 했어요. 고려의 개경과 조선의 한양이 그 예에요.

✔️ 어휘 확인!

① 생일 초대 □□□는 당연히 나와 가장 친한 친구 영호지.

② 우리 아빠 □□는 부장이야.

③ 여기가 무대도 잘 보이고, 사진 찍기도 좋은 □□이네.

④ 100미터 달리기를 해야 하니까 어서 출발 □□에 가서 서 있어.

⑤ 정치, 경제, 언론 등 사회 전반에 그 사람의 영향력이 □□□하게 작용하고 있구나.

➤ 함께 알아두기 ◀

구간區間	어떤 지점과 다른 지점과의 사이.
	▶ 여기는 항상 교통 체증이 심한 **구간**이야.
정점頂點	맨 꼭대기가 되는 곳. 사물의 진행이나 발전이 최고에 이른 상태.
	▶ 사춘기의 **정점**이라는 중2 때는 잔소리보다 꾸준한 대화로 공감을 나누는 것이 필요해.
공중空中	하늘과 땅 사이의 빈 곳.
	▶ **공중**에 떠 있는 달이 유난히 예뻐 보여.
공간空間	아무것도 없는 빈 곳. 물리적으로나 심리적으로 널리 퍼져 있는 범위. 영역이나 세계.
	▶ 우리 집에 다른 사람의 방해를 받지 않고 편히 쉴 수 있는 나만의 **공간**이 있었으면 좋겠어.

도처 到處

이르는 이곳저곳. 비슷한말 곳곳, 여기저기

➡ 처處는 접수처, 판매처와 같이 일부 명사 뒤에 붙어 곳 또는 장소를 뜻하는 접미사로도 쓰여요.

인근 隣近

이웃한 가까운 곳. 비슷한말 근처近處

➡ 인隣은 이웃이라는 뜻을 가진 한자예요. 이웃은 가까이 있어 경계가 서로 붙어 있거나 가까이 사는 집 또는 그런 사람을 뜻하는 말이에요.

밀접 密接

아주 가깝게 맞닿아 있음. 또는 그런 관계에 있음.

➡ 밀密은 빽빽하다는 뜻을 가진 한자예요. 밀도, 밀림, 밀착 등의 말도 빽빽하다는 뜻이 포함되어 있지요.

갈피

겹치거나 포갠 물건의 하나하나의 사이. 일이나 사물의 갈래가 구별되는 어름.

➡ '갈피를 못 잡다'는 어떻게 된 일인지, 어떻게 해야 할지 모르는 상황에 쓰여요. 또, 어름은 두 사물의 끝이 맞닿은 자리나 구역과 구역의 경계점을 뜻하지요.

먼발치

조금 멀리 떨어진 곳. 먼 인척 관계를 비유적으로 이르는 말.

➡ 먼발치는 발치에서 파생되어 나온 말이에요. 발치가 발이 있는 쪽이라는 뜻이니 먼발치는 발이 있는 쪽으로 조금 먼 곳, 즉 조금 멀구나 싶은 생각이 드는 정도의 거리를 뜻해요.

☑️ 어휘 확인!

① 우리 반 반장은 엄청 잘생겼어. 그 아이 소문이 □□ 학교까지 퍼진 거 있지.

② 봄이 되니 벚꽃이며 개나리며 □□에 핀 꽃들 때문에 정신이 아득할 지경이야.

③ 앞으로 어떻게 살아야 할지 도무지 □□를 잡을 수 없어서 한참 동안 방황했었어.

④ 가까이 다가갈 용기가 없어서 그냥 □□□에서 바라보기만 했어.

⑤ 성적은 집중력과 □□한 관련이 있대.

➤ 함께 알아두기 ◄

원격遠隔   멀리 떨어져 있음.
▶ 이 로봇은 **원격** 조종으로 움직여.

원거리遠距離   먼 거리.
▶ 근거리에서나 들릴 법한 목소리로 **원거리**에 있는 애한테 이야기를 하니까 안 들리지.

멀찌감치   거리가 꽤 떨어져서.
▶ 사이렌 소리에 놀라서 쳐다봤더니, 경찰이 소매치기를 쫓고 있는데 이미 **멀찌감치** 도망간 것 같더라고.

외지다   혼자 따로 떨어져 있어 조용하고 으슥하다.
▶ 우리 외갓집은 **외진** 곳에 있어서 밤이 되면 무서워.

선두 先頭

대열이나 행렬, 활동 등에서 맨 앞. 또는 맨 앞에 서는 사람. 비슷한말 앞장

○ 선두권은 선두에 선 무리를, 최선두는 맨 앞을 뜻하는 말이에요. 권圈은 범위, 또는 그 범위내 속하는 지역의 뜻을 더하는 접미사이고, 최最-는 가장, 제일의 뜻을 더하는 접두사이지요.

상위 上位

높은 위치나 지위.

○ 어느 때 위를 쓰고 어느 때 윗을 쓰는지 헛갈릴 때가 있지요? 된소리(ㄲ, ㄸ, ㅃ, ㅆ, ㅉ)와 거센소리(ㅊ, ㅋ, ㅌ, ㅍ) 앞에서는 '위'를, 예사소리 앞에서는 '윗'을 쓴다고 생각하면 쉬워요. 위쪽, 위층, 윗사람처럼요.

하부 下部

아래쪽 부분. 하급 기관이나 부서, 또는 그곳의 사람.

○ 이와 반대로 상부上部는 위쪽 부분, 더 높은 직위나 관청을 뜻하는 말이에요.

시발점 始發點

첫 출발을 하는 지점. 일이 처음 시작되는 계기.

○ 시발은 차나 기차, 배 등이 맨 처음으로 출발함, 어떤 일이 처음으로 시작됨이라는 뜻의 말이에요.

전면 前面

앞쪽 면. 앞을 향한 방향. 비슷한말 앞면-面, 앞쪽

○ 전면은 앞쪽 면을, 측면은 앞뒤를 기준으로 왼쪽이나 오른쪽 면을, 후면은 뒤쪽 면을 가리켜요.

☑️ 어휘 확인!

① 스스로를 믿는 것이 모든 가능성의 ☐☐☐이라고 생각해.

② 윤재는 시험만 봤다 하면 성적이 전국 ☐☐ 10% 안에 든대.

③ 조금만 힘을 내! 곧 ☐☐를 따라잡을 수 있어!

④ 학교 정문을 왜 여기서 찾아? 정문은 우리 학교 건물 ☐☐에 있겠지.

⑤ 물이 너무 더러워서 계곡 ☐☐에서는 물놀이를 할 수가 없겠어.

> 정답 : ① 원동력 ② 상위 ③ 선두 ④ 뒤편 ⑤ 하류

➤ 함께 알아두기 ◀

뒷전
뒤쪽이 되는 부근. 덜 중요하다고 생각되어 다른 일보다 나중에 관심을 가지거나 처리하는 것. 배의 뒷부분.
▶ 고객의 안전은 **뒷전**이고 돈벌이에만 급급한 기업은 비난받아 마땅해.

분수령分水嶺
어떤 사실이나 사태가 발전하는 전환점. 또는 어떤 일이 한 단계에서 전혀 다른 단계로 넘어가는 전환점을 비유적으로 이르는 말.
▶ 중학교에 입학했던 그 해가 내 인생에 있어 **분수령**을 이룬 시기라고 할 수 있어.

막장
갱도의 막다른 곳. 막장에서 광물을 캐는 일.
▶ **막장**에 도착한 광부들은 두 조로 나뉘어 금을 캐기 시작했다.

도입부導入部
글이나 음악 작품 등이 시작되는 첫 부분.
▶ 이 영화는 **도입부**부터 긴장감이 가득해서 영화가 끝날 때까지 손에 땀을 쥐고 봐야 했어.

방위 方位

동서남북을 기준으로 한 어떤 쪽의 위치.

◐ 동음이의어 방위防衛는 적의 공격이나 침략을 막아서 지킨다는 뜻이에요.

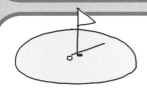

지표 指標

방향이나 목적, 기준 등을 나타내는 표지.

◐ 동음이의어 지표地表는 지구나 땅의 겉면을 말해요.

지향 志向

어떤 목표로 뜻이 쏠리어 향함. 또는 그 방향이나 그쪽으로 쏠리는 의지.

◐ 지향과 헷갈리기 쉬운 단어 중에 지양止揚이 있어요. 지양은 더 발전된 단계로 나아가기 위해 어떤 것을 하지 않는다는 뜻으로 부정적 의미가 담겨 있어요.

다방면 多方面

여러 방면. 비슷한말 다면多面

◐ 방면은 어떤 장소나 지역이 있는 방향이라는 뜻과 '농업 방면', '예술 방면'과 같이 분야라는 뜻이 있어요.

사각 死角

위치상 어느 각도에서도 볼 수 없는 곳. 또는 어느 위치에서 거울이 사물을 비출 수 없는 각도.

◐ 사각지대는 관심이나 영향이 미치지 못하는 구역을 비유적으로 이르는 말이기도 해요. '최근 몇 년 간 교내 체벌은 많이 줄어든 반면, 사교육은 여전히 체벌의 사각지대다'와 같이 쓰이지요.

☑️ 어휘 확인!

① 우리는 공통적으로 행복을 ☐☐하지만, 행복의 기준은 저마다 달라.

② 나는 초현실주의를 넘어 영화나 디자인 등 ☐☐☐에서 예술 감각을 드러냈던 화가 살바도르 달리를 좋아해.

③ 나침반은 ☐☐를 알기 위해서 꼭 필요한 물건이야.

④ 나는 평생 아버지의 삶을 내 인생의 ☐☐로 삼고 살아 왔어.

⑤ 운전할 때는 ☐☐지대를 항상 주의해야 해.

정답 : ① 추구 ② 각지 ③ 방위 ④ 지표 ⑤ 변두리

➤ 함께 알아두기 ◀

가장자리　　둘레나 끝에 해당되는 부분.
　　　　　▶ 사람들은 일반적으로 지하철이나 엘리베이터에서 **가장자리** 부터 자리를 채워 나가는 경향이 있어.

변두리邊--　어떤 지역의 가장자리가 되는 곳. 어떤 물건의 가장자리.
　　　　　▶ **변두리**라서 그런지 저녁이 되자 거리가 한산해.

행선지行先地　가려고 하는 곳.
　　　　　▶ 자, 이제 다음 **행선지**는 어디야? 출발하자고!

각지各地　　여러 지역.
　　　　　▶ 전국 **각지**의 장터를 다 돌아봤지만 화개장터만 한 곳이 없어.

1. 다음 뜻에 해당하는 말을 고르세요.

    (1) 겹치거나 포갠 물건의 하나하나의 사이. 일이나 사물의 갈래가 구별되는 어름
    ① 지표   ② 갈피   ③ 방위   ④ 층위   ⑤ 영순위

    (2) 어떤 사실이나 사태가 발전하는 전환점 또는 어떤 일이 한 단계에서 전혀 다른
    단계로 넘어가는 전환점을 비유적으로 이르는 말
    ① 방면   ② 기점   ③ 명당   ④ 분수령   ⑤ 행선지

    (3) 관심이나 영향이 미치지 못하는 구역을 비유적으로 이르는 말
    ① 상부   ② 나침반   ③ 다방면   ④ 가장자리   ⑤ 사각지대

2. 다음 중 뜻하는 바가 <u>다른</u> 말을 고르세요.

    ① 인근   ② 먼발치   ③ 원거리   ④ 장거리   ⑤ 멀찌감치

3. 말과 뜻을 바르게 연결하세요.

    전면 •   • 뒤쪽 면
    측면 •   • 왼쪽 또는 오른쪽 면
    후면 •   • 앞쪽 면

4. 비슷한말끼리 연결하세요.

    도처 •   • 앞장
    인근 •   • 다면
    선두 •   • 곳곳
    다방면 •   • 근처

5. 다음 열쇳말을 보고 십자말풀이를 완성하세요.

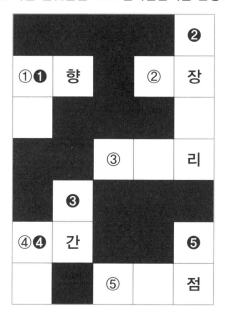

〈가로 열쇠〉

① 어떤 목표로 뜻이 쏠리어 향함

② 갱도(광산에서, 갱 안에 뚫어 놓은 길)의 막다른 곳

③ 어떤 지역의 가장자리가 되는 곳. 어떤 물건의 가장자리

④ 아무것도 없는 빈 곳. 물리적 · 심리적으로 널리 퍼져 있는 범위. 영역이나 세계

⑤ 길을 가는 데 처음 떠나는 지점. 일을 시작하거나 일이 비롯되는 지점

〈세로 열쇠〉

❶ 방향이나 목적, 기준 따위를 나타내는 표지

❷ 둘레나 끝에 해당되는 부분

❸ 어떤 지점과 다른 지점과의 사이

❹ 하늘과 땅 사이의 빈 곳

❺ 맨 꼭대기가 되는 곳, 사물의 진행이나 발전이 최고의 경지에 달한 상태

지리와 장소

우리 학교는
시가지에 있어

▶.

방학 동안 가족들과 몽골로 여행을 다녀왔어. 우리나라는 삼면이 바다로 둘러싸인 반도인데, 아시아 대륙의 중심부인 몽골은 드넓은 초원 지대가 펼쳐지더라고. 평지에는 온갖 들꽃이 흐드러지게 피어 있고 말이야. 그 모습에 저절로 탄성이 흘러나오지 뭐야.

제주도의 지형은 독특하기로 유명해. 화산 폭발로 생긴 섬이잖아. 오름, 주상절리, 동굴 등도 화산 폭발의 영향으로 생긴 거야. 지면 위에는 용암이 식어서 생긴 현무암이 곳곳에 있어. 이런 특색 있는 풍광은 오늘날 관광지로 유명한 토대가 되었어. 여지가 있다면 제주도에 집을 짓고 살아 보고 싶어.

이곳은 원래 황무지였대. 몇백 년 전, 이주민들이 열심히 땅을 일구고 살기 시작했고 오랜 시간이 흘러 살기 좋은 시가지가 되었지. 그런데 10년 전 발생한 내전으로 이곳은 초토화가 되었고, 지금은 사람이 살 수 없는 불모지로 변했어. 양지 바른 곳에서 친구들과 뛰놀던 그때가 정말 그리워.

심해 공포증에 대해 들어 봤어? 심연과 관련된 사진을 보면 공포를 느끼는 공포증의 일종이지. 나도 봤는데 으스스하더라. 심연에 들어가느니 해발고도가 높은 산에 오르는 게 낫겠어. 해상만 보면 이렇게 평화롭고 아름다워 보이지만 저 대양에는 깊이를 알 수 없는 곳이 정말 많을 거야.

평지　　　　　　　　불모지

초원

시가지　　　　　　　풍광

래방　노래방　　PC방　PC방

당구장　당구장　　슈△〇ㅁ

고기구이

양지

지면

초토화

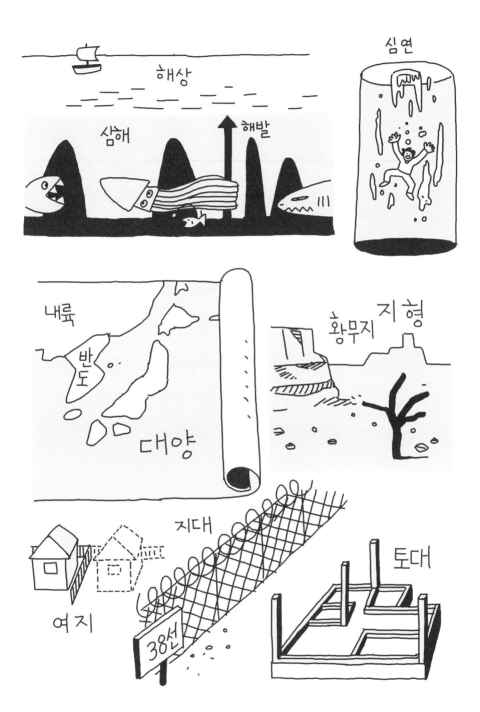

내륙 內陸

바다에서 멀리 떨어져 있는 육지.

⬭ 해안은 바다와 육지가 맞닿은 곳을 말해요. 지역을 구분해 이야기할 때 내륙 지방과 해안 지방으로 이야기하지요.

반도 半島

삼면이 바다로 둘러싸이고 한 면은 육지에 연결된 땅. 대륙에서 바다 쪽으로 좁다랗게 돌출한 육지.

⬭ 한반도는 아시아 대륙의 동북쪽 끝에 있는 반도, 즉 제주도를 포함한 우리나라 국토의 전역을 일컫는 말이에요.

초원 草原

풀이 나 있는 들판.

⬭ 초원은 강수량이 부족하거나 기온이 낮아 삼림이 이루어질 수 없는 지역에 발달해요. 사바나 등의 열대 초원, 스텝이나 프레리 등의 온대 초원, 툰드라 등의 한대 초원이 이런 초원 지대에 해당되지요.

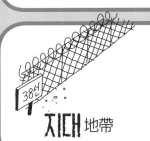

지대 地帶

자연적, 또는 인위적으로 어떤 공통적인 특성으로 묶이는 일정한 구역.

⬭ 지대는 어떤 특징에 따라 테두리 지은 땅을 의미해요. 고지대는 주변의 다른 지역보다 높이가 높은 지대를 뜻하지요. 이 밖에도 저지대, 구릉지대, 늪지대, 녹지대 등이 있어요.

평지 平地

바닥이 고르게 평평하고 넓은 땅.

⬭ 평지풍파平地風波는 평지(평온한 자리)에서 일어나는 풍파(심한 분쟁이나 분란)라는 뜻으로, 평온한 자리에서 생각하지 못한 다툼이 일어난다는 말이에요.

✅ 어휘 확인!

① 강원도의 기후는 해안과 ☐☐지역에 따라 온도의 차가 심하구나.

② 우리나라는 국토가 협소하고, 산지에 비해 ☐☐도 적어.

③ 이곳은 ☐☐가 높아서 사시사철 거센 바람이 많이 불어.

④ 우리나라는 삼면이 바다로 둘러싸인 ☐☐ 국가야.

⑤ 드넓은 대지와 푸른 ☐☐이 차창 너머로 끝없이 펼쳐져 있다.

➤ 함께 알아두기 ◀

설원雪原   눈으로 가득 덮인 땅.
▶ 잿빛 바위산 위로 눈이 하얗게 수북이 쌓인 **설원**이 펼쳐졌어.

녹지綠地   자연적으로 풀과 나무가 우거진 곳. 도시의 자연환경을 보전하거나 공해, 재해 방지를 위하여 풀이나 나무를 계획적으로 심어 가꾸는 곳.
▶ 이 **녹지**는 시민들이 휴식을 취하는 곳이야.

산간山間   산과 산 사이에 골짜기가 많은 곳.
▶ 폭설로 도로가 차단되어 일부 **산간** 지역 주민들이 불편을 겪고 있어.

고원高原   보통 해발고도 600미터 이상에 있는 넓은 벌판.
▶ 태백산 일대는 요즘처럼 무더운 여름에 시원한 **고원**지대에서 다양한 야생화를 관찰할 수 있는 좋은 장소야.

지형 地形

땅의 생긴 모양. 비슷한말 지세地勢

◎ 배산임수背山臨水는 뒤로는 산을 등지고 앞으로는 물을 바라보고 있는 지형으로, 마을이나 건축물이 들어서는 데 가장 이상적인 터를 뜻해요.

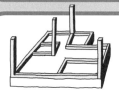

토대 土臺

건물을 지탱하는, 건물의 제일 밑부분.

◎ 토대는 '경제 성장의 토대'와 같이 어떤 일이나 사물의 바탕이 되는 기초와 밑천을 비유적으로 표현할 때 사용하기도 해요.

지면 地面

땅의 바닥. 비슷한말 땅바닥, 지상地上

◎ 동음이의어 지면紙面은 종이의 표면 혹은 기사나 글, 그림이 실리는 인쇄물의 면을 뜻해요. '우리 학교 기사가 신문 지면에 크게 실렸다.'와 같이 쓰이지요.

여지 餘地

이용할 수 있는 남은 땅.

◎ 주로 '개선의 여지, 의심받을 여지'와 같이 쓰여 어떤 일을 하거나 어떤 일이 일어날 가능성이나 희망을 뜻하기도 해요.

풍광 風光

산이나 들, 강, 바다 등 자연이나 세상의 모습.
비슷한말 풍경風景, 경치景致

◎ 풍광과 비슷한 말이 무척 많은데요. 풍광은 자연이나 세상의 모습이라는 뜻 외에도 사람의 용모와 품격을 뜻하기도 합니다.

어휘 확인!

① 계속되는 폭염은 지상 몇 킬로미터 상공에 정체해 있는 고기압 기단이 뚜껑처럼 지구를 덮어 ☐☐에서 데워져 올라가는 열을 가둬 놓아 생긴 현상이라고 해.

② 무인해양로봇인 수중무인탐사체 웨이브 글라이더를 이용하여 울릉도 해역의 해저☐☐ 조사에 들어간대.

③ 천왕봉에 오르자 지리산의 아름다운 ☐☐이 발아래에 펼쳐졌어.

④ 그 영화는 웹툰을 ☐☐로 제작되어 큰 인기를 끌고 있어.

⑤ 이 집은 텃밭을 마련할 ☐☐가 있어서 마음에 들어.

정답 ① 지표 ② 지형 ③ 경관 ④ 원작 ⑤ 여건

➤ 함께 알아두기 ◀

경관景觀   산이나 들, 강, 바다 따위의 자연이나 지역의 풍경.
▶ 부석사 대웅전에서 내려다본 산의 능선들이 이루는 아름다운 **경관**에 감탄이 절로 나왔어.

노면路面   길의 바닥 표면.
▶ 어제 밤에 내린 눈으로 **노면**이 얼어붙어 버스가 거북이 운전을 해서 결국 학교에 지각했지 뭐야.

화석化石   지질 시대의 동식물의 시체나 그 흔적이 퇴적암 등의 암석 속에 그대로 남아 있는 것.
▶ 최근에는 태양광이 석유나 석탄과 같은 **화석** 연료를 대신하는 추세야.

시가지 市街地

도시의 큰 거리를 이루는 지역.

◎ 시가는 도시의 큰 길거리나 집이나 상가가 많이 늘어선 거리를 뜻해요. 저잣거리와도 비슷한말이에요.

불모지 不毛地

아무 식물도 자라지 못하는 거칠고 메마른 땅.

◎ 불모지는 '과학 기술의 불모지'와 같이 어떠한 사물이나 현상이 발달되어 있지 않은 곳 또는 그런 상태를 비유적으로 나타낼 때 사용하기도 해요.

황무지 荒蕪地

사람이 손을 대지 아니하고 그냥 내버려 둔 거친 땅.

◎ 황무지는 손을 대지 않고 내버려 둔 땅을 뜻해요. 아예 식물이 자라지 않는 불모지와는 차이가 있지요.

양지 陽地

따뜻한 볕이 드는 곳. 비슷한말 양달陽−

◎ 음지陰地는 볕이 잘 들지 않아 그늘진 곳을 뜻해요. 비유적으로 사용될 때는 양지는 어려움 없이 혜택을 더 받는 처지를, 음지는 혜택을 받지 못하는 처지를 뜻하지요.

초토화 焦土化

초토가 됨. 또는 초토로 만듦.

◎ 불에 타서 검게 그을린 땅이나 불에 탄 것처럼 황폐해지고 못 쓰게 된 상태를 뜻하는 초토에, 그렇게 만들거나 됨의 뜻을 더하는 접미사 −화化가 붙어 더 이상 못 쓰게 된 상태를 뜻해요.

✅ 어휘 확인!

① 모래바람만 불어대는 그곳은 어떤 식물도 자라지 못하는 ☐☐☐나 다름없어.

② 겨울이 되면 따뜻한 ☐☐에 옹기종기 모여 앉아 이야기를 나누던 기억이 나.

③ 폭우와 우박을 동반한 태풍으로 마을 전체가 ☐☐☐되었어.

④ 지난 10년간 고생해서 ☐☐☐를 개간한 그곳에 드디어 농사를 짓기 시작했대.

⑤ 남산 타워에 오르면 서울 ☐☐☐의 모습이 한눈에 내려다보여.

정답 : ① 불모지 ② 온돌 ③ 쑥대밭 ④ 황무지 ⑤ 전경

➤ 함께 알아두기 ◄

벽지僻地
 외따로 뚝 떨어져 있는 땅. 도시에서 멀리 떨어져 있어 교통이 불편하고 문화의 혜택이 적은 곳.
▶ 그는 **벽지**에 사는 사람들을 위해 의료 봉사 활동을 한대.

오지奧地
해안이나 도시에서 멀리 떨어진 내륙의 깊숙한 땅.
▶ 요즘 **오지**를 탐험하는 TV 프로그램이 인기야.

암벽巖壁
 깎아지른 듯이 높이 솟아 벽과 같이 된 바위.
▶ 가파른 **암벽**을 타고 올라가 백운대 정상에 도착했다.

지반地盤
 땅의 표면. 일을 이루는 기초나 근거가 될 만한 바탕.
▶ 터널 공사로 **지반**이 약해져서 땅이 꺼지는 사고가 일어났대.

대양 大洋

세계의 해양 가운데에서 특히 넓은 해역을 차지하는 넓고 큰 바다.

➲ 오대양은 지구를 둘러싸고 있는 다섯 개의 넓은 바다, 즉 태평양, 대서양, 인도양, 남극해, 북극해를 말해요.

해상 海上

바다 위.

➲ 해상공원에 가 본 적이 있나요? 해상공원은 바다의 일부를 메워 인공 섬을 만들고, 여러 가지 경기장이나 휴양 시설을 갖추어 놓은 공원을 말해요.

심해 深海

깊은 바다, 보통 수심이 200미터 이상이 되는 곳.

➲ 해안에서부터 수심 200미터 되는 부분까지의 얕은 바다는 천해라고 해요.

심연 深淵

물이 깊은 못. 비슷한말 담연潭淵

➲ 심연은 비유적으로 매우 어렵고 절망적이어서 빠져나오기 힘든 상황이나 감정, 뛰어넘거나 극복하기 어려운 깊은 간격을 뜻하기도 해요.

해발 海拔

바닷물의 표면으로부터 계산하여 잰 육지나 산의 높이.

➲ 우리나라에서 해발이 가장 높은 지역은 강원도 태백시예요. 주민이 사는 곳은 해발고도 900미터, 지역 평균 해발은 965미터, 산 정상은 평균 1,225미터라고 해요.

☑️ 어휘 확인!

① 장보고는 신라의 위대한 모험가이자, 청해진을 세계 무역의 전전 기지로 만든 ☐☐ 무역의 왕이라고 불리고 있어.

② ☐☐에는 여러 가지 신비한 물고기들이 살고 있대.

③ 한라산은 ☐☐ 1950미터로 남한에서 가장 높은 산이야.

④ 준영이는 큰 배를 타고 ☐☐을 누비는 선원이 되는 것이 꿈이래.

⑤ 절망의 ☐☐ 속에서 허우적대고 있는데 문득 네 생각이 나더라.

<small>정답 : ① 해상 ② 해저 ③ 해발 ④ 해역 ⑤ 수렁</small>

➤ 함께 알아두기 ◀

연해沿海   육지 가까이에 있는 바다.
 여름 휴가철에 제주도 **연해**에서 해파리가 자주 나타나니까 관광객들의 주의가 필요해.

해역海域   바다를 일정한 기준에 따라 나눈 구역.
 2016년 7월 5일 20시 33분 03초 울산 동구 52킬로미터 **해역**에서 규모 5.0의 지진이 발생했어.

해저海底   바다의 밑바닥.
 사람이 들어가기 힘든 **해저**의 지형은 기계로 측정할 수밖에 없어.

습지濕地   습기가 많은 축축한 땅.
 습지는 육지와 물을 이어 주는 중간 단계의 생태적 환경 특성을 가지고 있어서 아주 많은 종류의 생명체가 살고 있대.

1. 다음 뜻에 해당하는 말을 고르세요.

(1) 땅의 생긴 모양
① 지형 ② 지면 ③ 노면 ④ 오지 ⑤ 벽지

(2) 바다를 일정한 기준에 따라 나눈 구역
① 심연 ② 해역 ③ 여지 ④ 해저 ⑤ 심해

(3) 바닷물의 표면으로부터 계산하여 잰 육지나 산의 높이
① 해상 ② 지반 ③ 경관 ④ 해발 ⑤ 시가지

2. 다음 중 육지와 관련 없는 말을 고르세요.

① 연해 ② 평지 ③ 설원 ④ 반도 ⑤ 황무지

3. 〈보기〉에서 '이것'이 가리키는 말을 쓰세요.

───── 〈보기〉 ─────

(1) 이것은 수억 년 혹은 수천만 년 전에 살았던 동식물의 유해와 활동 흔적 등이 땅 속이나 땅 위에 그대로 보존되어 남아 있는 것을 통틀어 이르는 말이다. 이것은 돌처럼 무겁고 단단하며 갈색이나 검정색 같이 진한 색으로 되어 있다. 오늘날 우리가 티라노사우루스 같은 공룡의 모습을 알 수 있는 것도 이것 덕분이다.

(2) 이것은 습기가 많은 축축한 땅을 말한다. 물에 완전히 잠겨 있지는 않지만, 1년 중 일정 기간 이상 물에 잠겨 있거나 젖어 있는 땅이다. 이곳에는 아주 많은 종류의 생물이 살고 있다. 또한 이것은 물풀, 미생물과 흙이 오염된 물을 깨끗하게 만드는 정화 작용도 한다. 홍수가 나면 물을 저장하는 댐 역할까지 하여 홍수의 피해를 줄여 준다. 따라서 이것은 보호해야 할 아주 중요한 땅이다.

4. 비슷한말끼리 연결하세요.

양지 · · 경치

지형 · · 땅바닥

풍광 · · 지세

지면 · · 양달

5. 다음 중 '불모지'의 뜻이 다르게 쓰인 문장을 고르세요.

① 축구 불모지가 축구 강대국인 브라질을 이겨 화제를 모았다.

② 아직도 지구상에는 현대 문명의 불모지로 남아 있는 곳이 많다.

③ 이 땅은 바람이 심하게 불고 돌이 가득해 농작물이 자랄 수 없는 불모지이다.

④ 겨울 스포츠의 불모지였던 우리나라에서 동계 올림픽이 열리다니, 꿈만 같아.

⑤ 한국은 과학 기술의 불모지나 다름없었지만 투자와 개발을 통해 세계적인 정보 산업 강국으로 성장하였다.

6. 〈보기〉의 빈칸에 들어갈 알맞은 말을 고르세요.

───── 〈보기〉 ─────

열흘째 계속된 폭우로 큰 피해가 난 중국에 엎친 데 덮친 격으로 초강력 토네이도가 강타했습니다. 고속도로 요금소가 마치 종잇장처럼 찢겨 나갔습니다. 한마디로 성한 데가 하나 없을 정도로 완전히 _____ 되었습니다.

① 양지 ② 불모지 ③ 황무지 ④ 시가지 ⑤ 초토화

맛있는 우리말 +++

과일처럼
새콤달콤한 말

자몽하다
自懜-

졸릴 때처럼 정신이 흐릿한 상태이다.

포도하다
① 逋逃--
② 捕盜--

① 죄를 짓고 달아나다.
② 도둑을 잡다.

망고하다

연을 날릴 때에 얼레의 줄을 남김없이 전부 풀어주다. 살림을 전부 떨게 되다. 어떤 것이 마지막이 되어 끝판에 이르다.

사과하다
① 赦過--
② 謝過--

① 잘못을 용서하다.
② 자기의 잘못을 인정하고 용서를 빌다.

감하다
① 減--
② 鑑--

① 줄다.
② 어른이 살펴보다.

수박하다
囚縛--

붙잡아 묶다.

매실매실하다

사람이 되바라지고 약삭빨라 얄밉다.

186

채소처럼
아삭아삭한 말

배추하다
拜趨--

지위가 높거나 귀한 사람
앞에 공손하게 총총걸음으
로 나아가다.

무하다
① 無--
② 貿--

① 없다를 예스럽게 이르
는 말.
② 이익을 보고 팔려고 물건
을 이것저것 몰아서 사다.

파하다
① 派--
② 罷--

① 어떤 용무로 사람을 보
내다.
② 어떤 일을 마치거나 그
만두다.

오이하다
忤耳--

충고하는 말이 귀에 거슬
리다.

고추하다
考推--

사실에 맞는가 맞지 않는
가를 비교하여 생각하다.

호박하다
浩博--

크고 넓다.

박하다
薄--

마음 씀이나 태도가 너그
럽지 못하고 쌀쌀하다. 이
익이나 소득이 보잘것없이
적다. 두께가 매우 얇다.

사자성어

+++ 의식주

삼간초가 三間草家	세 칸 되는 초가. 즉, 아주 작은 집을 이르는 말.
三 석 삼　間 사이 간 草 풀 초　家 집 가	▶ 어렸을 때는 삼간초가 비좁은 집에 온 가족이 옹기종기 모여 살았다.
가가호호 家家戶戶	집집마다. 모든 집에.
家 집 가　家 집 가 戶 집 호　戶 집 호	▶ 옆집에 새로 이사 온 이웃은 가가호호 떡을 돌리며 주민들과 인사를 나누었다.
금상첨화 錦上添花	비단 위에 꽃을 더한다는 뜻으로, 좋은 일에 또 좋은 일이 더 일어남을 비유적으로 이르는 말.
錦 비단 금　上 윗 상 添 더할 첨　花 꽃 화	▶ 그 책은 과학 소설이어서 과학도 배우고 재미있는 소설도 읽을 수 있으니 금상첨화야.
삼순구식 三旬九食	삼십 일 동안 아홉 끼니밖에 먹지 못한다는 뜻으로, 몹시 가난함을 이르는 말.
三 석 삼　旬 열흘 순 九 아홉 구　食 먹을 식	▶ 화가 이중섭은 삼순구식 할지라도 그림 그리기를 멈추지 않았대.
초근목피 草根木皮	풀뿌리와 나무껍질이라는 뜻으로, 맛이나 영양 가치가 없는 거친 음식을 비유적으로 이르는 말.
草 풀 초　根 뿌리 근 木 나무 목　皮 가죽 피	▶ 전쟁 직후 제대로 된 식량을 구할 수 없어 초근목피로 끼니를 때웠다.
어두육미 漁頭肉尾	물고기는 머리 쪽이 맛이 있고 짐승 고기는 꼬리 쪽이 맛이 있다는 말.
漁 물고기 어　頭 머리 두 肉 고기 육　尾 꼬리 미	▶ 할머니는 항상 어두육미라고 하며 나에게는 생선살을 주고 머리를 드시곤 했다.
진수성찬 珍羞盛饌	푸짐하게 잘 차린 맛있는 음식.
珍 보배 진　羞 음식 수 盛 담을 성　饌 반찬 찬	▶ 오랜만에 간 뷔페식당에서 온갖 진수성찬을 배부르게 먹고 왔어.

녹의홍상 綠衣紅裳 綠 푸를 록 衣 옷 의 紅 붉을 홍 裳 치마 상	연두저고리와 다홍치마라는 뜻으로, 젊은 여인의 고운 옷차림을 이르는 말. ▶ 전통혼례 때 신부가 입었던 녹의홍상은 일생에 단 한 번 입는 옷이어서 더 의미가 깊다.
금의환향 錦衣還鄕 錦 비단 금 衣 옷 의 還 돌아올 환 鄕 고향 향	비단옷을 입고 고향에 돌아온다는 뜻으로, 성공을 거둔 후 사람들의 환영을 받으며 고향으로 돌아옴. ▶ 그는 유명한 가수가 되어 금의환향했다.
무위도식 無爲徒食 無 없을 무 爲 할 위 徒 다만 도 食 먹을 식	아무 하는 일 없이 다만 먹고 놀기만 함. ▶ 할아버지는 정년퇴직을 하신 후 한 달간은 무위도식하겠다며 시골로 내려가셨어.
십시일반 十匙一飯 十 열 십 匙 숟가락 시 一 한 일 飯 밥 반	밥 열 술이 한 그릇이 된다는 뜻으로, 여러 사람이 조금씩 힘을 합하면 한 사람을 돕기 쉬움을 이르는 말. ▶ 우리 반 아이들은 투병 중인 친구를 위해 십시일반으로 성금을 모금하기로 했다.
오곡백과 五穀百果 五 다섯 오 穀 곡식 곡 百 일백 백 果 열매 과	온갖 곡식과 모든 과일. ▶ 한가위는 오곡백과가 무르익고 농사의 결실에 감사하는 한 해의 가장 큰 명절이야.
풍찬노숙 風餐露宿 風 바람 풍 餐 먹을 찬 露 이슬 노 宿 잠잘 숙	바람 속에서 식사를 하고 이슬을 맞으며 잠잔다는 뜻으로, 모진 고생을 이르는 말. ▶ 일제 강점기 시절 풍찬노숙하며 조국의 독립을 위해 싸웠던 분들 덕분에 오늘날 우리가 있는 거야.
호의호식 好衣好食 好 좋을 호 衣 옷 의 好 좋을 호 食 먹을 식	좋은 옷을 입고 좋은 음식을 먹음. ▶ 온갖 비리를 저질러 모은 돈으로 호의호식하던 정치인이 구속됐다는 뉴스 봤어?
자수성가 自手成家 自 스스로 자 手 손 수 成 이룰 성 家 집 가	물려받은 재산 없이 자기 혼자 힘으로 집안을 일으키고 재산을 모음. ▶ 최근에 IT 분야에서 유명해진 그 회사의 대표는 자수성가한 사람이야.

사자성어

+++ 수

다다익선 多多益善

多 많을 다　多 많을 다
益 더할 익　善 착할 선

많으면 많을수록 더욱 좋음.

▶ 친구는 다다익선일까? SNS 친구가 많을수록 스트레스를 많이 받는다는 새로운 연구 결과가 나왔다고 한다.

일거양득 一擧兩得

一 한 일　擧 들 거
兩 두 양　得 얻을 득

한 가지 일을 하여 두 가지 이익을 얻음.

▶ 친구들에게 가르쳐 주면서 공부를 하였더니, 친구들의 실력도 향상되고 스스로도 복습이 되어 일거양득이었어요.

기하급수 幾何級數

幾 몇 기　何 어찌 하
級 등급 급　數 셈 수

증가하는 수나 양이 아주 많음을 이르는 말.

▶ 기하급수적으로 성장하는 과학기술의 발전 속도에 적응하기란 쉽지 않아.

부지기수 不知其數

不 아닐 부　知 알 지
其 그 기　數 셈 수

헤아릴 수가 없을 만큼 많음. 또는 그렇게 많은 수효.

▶ 자신의 꿈이 무엇인지 찾지 못해 대학 입시를 앞두고 학과 선택에 대해 고민하는 학생이 부지기수다.

비일비재 非一非再

非 아닐 비　一 한 일
非 아닐 비　再 두 재

같은 현상이나 일이 한두 번이나 한둘이 아니고 많음.

▶ 청소년들의 적정 수면 시간은 여덟 시간인데, 우리나라에서는 다섯 시간도 채 못 자는 일이 비일비재하대.

십중팔구 十中八九

十 열 십　中 가운데 중
八 여덟 팔　九 아홉 구

열 가운데 여덟이나 아홉 정도로 거의 대부분이거나 거의 틀림없음.

▶ 운동은 하지 않고 무조건 굶기만 하는 다이어트를 하게 되면 십중팔구 실패하기 마련이야.

유일무이 唯一無二

唯 오직 유　一 한 일
無 없을 무　二 두 이

오직 하나뿐이고 둘도 없음.

▶ 너는 나에게 유일무이한 친구야.

일도양단 一刀兩斷
一 한 일 刀 칼 도
兩 두 양 斷 끊을 단

칼로 무엇을 대번에 쳐서 두 도막을 냄. 어떤 일을 머뭇 거리지 아니하고 선뜻 결정함을 비유적으로 이르는 말.
▶ 이 문제는 일도양단식으로 해결하기보다 신중한 접근 방식으로 해결해야 합니다.

일석이조 一石二鳥
一 한 일 石 돌 석
二 두 이 鳥 새 조

돌 한 개를 던져 새 두 마리를 잡는다는 뜻으로, 동시 에 두 가지 이득을 봄을 이르는 말.
▶ 걸어 올라가면 건강 관리도 되고, 이용자 1명 당 10원의 기부금이 적립되는 '일석이조 계단'이 요즘 인기래.

천차만별 千差萬別
千 일천 천 差 다를 차
萬 일만 만 別 나눌 별

여러 가지 사물이 모두 차이가 있고 구별이 있음.
▶ 누구나 여행을 하지만, 여행에서 무엇에 중점을 두느냐 에 따라 여행에서 얻어 오는 것은 천차만별이야.

천편일률 千篇一律
千 일천 천 篇 책 편
一 한 일 律 법칙 률

천 권의 책이 모두 한 가지 가락으로 이루어져 있음. 여럿이 개별적 특성이 없이 모두 엇비슷한 현상을 비 유적으로 이르는 말.
▶ 입시 중심의 천편일률적인 교육이 아니라 학생들 저마 다의 잠재력과 가능성을 펼칠 수 있는 교육 제도가 필요해.

조삼모사 朝三暮四
朝 아침 조 三 석 삼
暮 저물 모 四 넉 사

실제로는 결과가 같은 것을 두고 나쁜 꾀를 써서 다른 것처럼 속임.
▶ 조삼모사에 속아 넘어가지 않으려면 사물의 본질을 꿰 뚫어 보는 지혜가 필요해.

사통오달 四通五達
四 넉 사 通 통할 통
五 다섯 오 達 통달할 달

도로나 교통망, 통신망 등이 이리저리 사방으로 통함.
▶ 이 섬은 사통오달 지형 덕택에 전략적으로 중요한 지역 이라 고려시대부터 수군이 주둔했대.

칠전팔기 七顚八起
七 일곱 칠 顚 엎드러질 전
八 여덟 팔 起 일어날 기

일곱 번 넘어지고 여덟 번 일어난다는 뜻으로, 여러 번 실패하여도 굴하지 않고 꾸준히 노력함을 이르는 말.
▶ 칠전팔기로 도전한 자격증 시험에서 드디어 합격하고야 말았어.

사자성어

+++ 시간과 장소

시기상조 時機尙早

時 때 시　機 틀 기
尙 오히려 상　早 이를 조

어떤 일을 하기에 아직 때가 이름.

▶ 이 일이 잘되리라고 생각하는 것은 아직 시기상조야.

시종일관 始終一貫

始 처음 시　終 마칠 종
一 한 일　貫 꿸 관

처음부터 끝까지 한결같음.

▶ 그는 시종일관 똑같은 표정으로 말하고 있어.

자초지종 自初至終

自 스스로 자　初 처음 초
至 이를 지　終 마칠 종

처음부터 끝까지 이르는 동안.

▶ 어떻게 된 건지 자초지종을 말해 봐.

불철주야 不撤晝夜

不 아닐 불　撤 거둘 철
晝 낮 주　夜 밤 야

밤낮을 가리지 않는다는 뜻으로, 조금도 쉴 새 없이 일에 힘씀.

▶ 아버지는 가족을 위해 불철주야 성실하게 일하신다.

작심삼일 作心三日

作 지을 작　心 마음 심
三 석 삼　日 날 일

마음먹은 것이 삼 일이 못간다는 뜻으로, 결심이 얼마되지 않아 흐지부지 된다는 말.

▶ 이번에는 다이어트 하겠다는 결심이 작심삼일이 되지 않도록 해야지.

온고지신 溫故知新

溫 익힐 온　故 연고 고
知 알 지　新 새 신

옛것을 익히고 그것을 통해서 새로운 것을 앎.

▶ 우리는 온고지신의 정신으로 고전을 연구해야 한다.

전무후무 前無後無

前 앞 전　無 없을 무
後 뒤 후　無 없을 무

전에도 없고 앞으로도 있을 수 없음.

▶ 그 선수가 세운 기록은 우리나라의 야구 역사에서 전무후무한 기록이 될 것이다.

방방곡곡 坊坊曲曲	한 군데도 빠짐이 없는 모든 곳.
坊 동네 방　坊 동네 방 曲 굽을 곡　曲 굽을 곡	▶ 3·1 독립 운동의 만세 소리는 삼천리 방방곡곡에 퍼져 나갔다.

진퇴양난 進退兩難	나아갈 수도 물러설 수도 없는 매우 곤란한 상태.
進 나아갈 진　退 물러날 퇴 兩 두 양　難 어려울 난	▶ 이럴 수도 저럴 수도 없는 진퇴양난의 상황에 빠졌어.

동분서주 東奔西走	동쪽으로 뛰고 서쪽으로 뛴다는 뜻으로, 여기저기 사 방으로 몹시 바쁘게 돌아다님.
東 동녘 동　奔 달릴 분 西 서녘 서　走 달릴 주	▶ 일자리를 찾느라 동분서주하고 있다.

우왕좌왕 右往左往	올바른 방향을 잡지 못해 이리저리 왔다 갔다 하는 모 양을 나타냄.
右 오른쪽 우　往 갈 왕 左 왼 좌　往 갈 왕	▶ 아직도 자리를 찾지 못해서 우왕좌왕하고 있니?

좌지우지 左之右之	왼쪽으로 돌렸다 오른쪽으로 돌렸다 한다는 뜻으로, 어떤 일을 제 마음대로 처리하거나 다룸.
左 왼 좌　之 갈 지 右 오른쪽　우 之 갈 지	▶ 다른 사람이 내 인생을 좌지우지하는 것은 참을 수 없어.

막상막하 莫上莫下	어느 것이 위고 아래인지 분간할 수 없다는 뜻으로, 더 낫고 더 못함의 차이가 거의 없음.
莫 없을 막　上 윗 상 莫 없을 막　下 아래 하	▶ 막상막하의 실력을 가진 선수들끼리의 경기라 승패를 결정하기가 힘들었다.

적재적소 適材適所	어떤 일에 적당한 재능을 가진 사람에게 적합한 지위 나 임무를 맡김.
適 맞을 적　材 재목 재 適 맞을 적　所 바 소	▶ 능력과 재능에 따라 신입사원들을 적재적소에 배치했다.

오리무중 五里霧中	오 리나 되는 짙은 안개 속에 있다는 뜻으로, 무슨 일 에 대해 갈피를 잡을 수 없음을 이르는 말.
五 다섯 오　里 마을 리 霧 안개 무　中 가운데 중	▶ 피해자가 계속 늘어만 가는데 사건은 오리무중이다.

ㄱ

가계家計
가계부家計簿
가랑비
가량
가솔家率
가업家業
가옥家屋
가장家長
가장자리
가지각색--各色
각양각색各樣各色
각지各地
간발間髮
갈피
감량減量
감치기
감침질
감하다減--
강수降水
강수량降水量
개관식開館式
개막식開幕式
개업開業
개업식開業式
개통開通
객식구客食口
거무튀튀하다
거미
거소居所
거주居住
거처居處
건기乾期
건수件數

건조기乾燥期
걷기
걸음
겨를
겨울잠
결과結果
결례缺禮
결식缺食
결실結實
결혼식結婚式
겸상兼床
경관景觀
경유經由
경유지經由地
경조사慶弔事
경치景致
계량計量
계량화計量化
계측計測
고갈枯渴
고난도高難度
고다
고등동물高等動物
고름
고명
고명딸
고원高原
고지대高地帶
고희연古稀宴
곳간庫間
곳곳
공간空間
공중空中
과다過多
과소過少

과소평가過小評價
과소하다過小--
관례冠禮
관례慣例
광범위廣範圍
광역廣域
광역시廣域市
광채光彩
교량橋梁
교역交易
구간區間
구들목
군말
군살
군식구-食口
굴곡屈曲
굴곡지다屈曲--
궂다
궤도軌道
규격規格
규모規模
규방閨房
극대화極大化
극소수極少數
근간根幹
근간近間
근본根本
근소하다僅少--
근처近處
금세
금식禁食
금일今日
금지옥엽金枝玉葉
금혼식金婚式
기단基壇

기상氣象
기일忌日
기일期日
기점起點
기초基礎
기형奇形
기형아畸形兒
기후氣候
길쌈
깁다
꼬락서니
꼴

ㄴ

나비
나선형螺旋形
나절
난간欄杆
난류暖流
난파暖波
날씨
남빛藍-
남색藍色
남짓
낭패狼狽
내륙內陸
내림차순--次順
내지乃至
냉혈동물冷血動物
너비
넓이
노면路面
노선路線

노숙露宿
녹지綠地
누비다

ㄷ

다면多面
다방면多方面
다소多少
다양하다多樣--
다채롭다多彩--
단시일短時日
단식斷食
담연潭淵
당대當代
대규모大規模
대기大氣
대양大洋
대청大廳
대청마루大廳--
대폭大幅
댓돌
데치다
도량度量
도보徒步
도수度數
도입부導入部
도처到處
독식獨食
돌풍突風
동면冬眠
동서同壻
동장군冬將軍
동절기冬節期

둔중하다鈍重--
둔탁하다鈍濁--
뒤꼍
뒷날
뒷전
들이
디딤돌
땀
땅바닥
때깔

ㅁ

마름질
마음
막대하다莫大--
막장
망루望樓
맞무역-貿易
매제妹弟
매형妹兄
머릿돌
먼발치
멀찌감치
멸종滅種
명가名家
명당明堂
명복冥福
모
모나다
모친母親
목례目禮
무궁무진無窮無盡
무남독녀無男獨女

색채色彩
생가生家
생태生態
생활권生活圈
서까래
서식棲息
선두先頭
선두권先頭圈
선례先例
선명하다
선친先親
설원雪原
섬돌
성글다
성기다
성장기成長期
세기世紀
소규모小規模
소식불통消息不通
소식통消息通
소폭小幅
속보速報
솔기
수눅
수렵狩獵
수목樹木
수목원樹木園
수의壽衣
수작酬酌
수확收穫
수확기收穫期
수확량收穫量
수효數爻
숙모叔母
숙박宿泊

숙부叔父
숙성熟成
숙식宿食
순간瞬間
순식간瞬息間
순풍順風
슬하膝下
습지濕地
승강장乘降場
승선乘船
승하차乘下車
승합차乘合車
시가市街
시가지市街地
시급히時急-
시발始發
시발역始發驛
시발점始發點
시일時日
시작점始作點
시점始點
시접
시조始祖
시초始初
식구食口
식솔食率
식순式順
식음食飮
신고식申告式
신주神主
실례失禮
실시간實時間
심야深夜
심연深淵
심우甚雨

심해深海
싹
싹수
쑥대밭
쑥밭

ㅇ

아랫목
아량雅量
아버지
아침나절
안채
암벽岩壁
암흑暗黑
암흑기暗黑期
앞면-面
앞장
앞쪽
야행성夜行性
약소弱小
약소국가弱小國家
약소민족弱小民族
약소하다略少--
약식略式
양달陽-
양대兩大
양지陽地
어름
어머니
어스름
여기저기
여식女息
여지餘地

여파餘波
역풍逆風
연일連日
연해沿海
열대야熱帶夜
열풍烈風
열풍熱風
영순위零順位
영애令愛
예년例年
예물禮物
예식禮式
오늘
오대양五大洋
오롯하다
오름차순
오지娛地
오지랖
온난溫暖
온난화溫暖化
온실효과溫室效果
온종일-終日
옷고름
완만하다緩慢--
외지다
외형外形
우기雨期
우레
우선순위優先順位
운무雲霧
운송運送
운수運輸
운임運賃
운행運行
원거리遠距離

원격遠隔
원조元祖
원형原型
원형原形
원형圓形
월례月例
위령慰靈
위축萎縮
위축蝟縮
위패位牌
윗목
유복자遺腹子
유산遺産
유언비어流言蜚語
유통流通
유통기한流通期限
유포流布
유형有形
유형類型
유형문화재有形文化財
육로陸路
음영陰影
음지陰地
의례儀禮
의식儀式
의존도依存度
이다음
이듬해
이래以來
이레
이렛날
이륙
이열치열以熱治熱
이정표里程標
이착륙離着陸

이탈離脫
이튿날
익년翌年
인공人工
인근鄰近
인위人爲
인지도認知度
인척姻戚
일가一家
일일생활권一日生活圈
일조日照

ㅈ

자당慈堂
자수성가自手成家
자정子正
자형姊兄
잠식蠶食
장대비
장시일長時日
잦기
재단裁斷
재봉裁縫
잿빛
저녁나절
저돌猪突
저리다
저잣거리
저택邸宅
적설량積雪量
전당殿堂
전면前面
전선前線

혼사婚事
혼삿길婚事-
혼삿날婚事-
혼삿말婚事-
혼전婚前
화석化石
화촉華燭
환갑還甲
환갑잔치還甲--
환절기換節期
황무지荒蕪地
황혼黃昏
회갑回甲
회갑연回甲宴
회색灰色
회색빛灰色-
회선回線
횟수回數
횡단橫斷
후면後面
후일後日
후일담後日談
희끄무레하다
희소稀少

사 자 성 어

가가호호家家戶戶
금상첨화錦上添花
금의환향錦衣還鄉
기하급수幾何級數
녹의홍상綠衣紅裳
다다익선多多益善
동분서주東奔西走

막상막하莫上莫下
무위도식無爲徒食
방방곡곡坊坊曲曲
부지기수不知其數
불철주야不撤晝夜
비일비재非一非再
사통오달四通伍達
삼간초가三間草家
삼순구식三旬九食
시기상조時機尙早
시종일관始終一貫
십시일반十匙一飯
십중팔구十中八九
어두육미漁頭肉尾
오곡백과五穀百果
오리무중五里霧中
온고지신溫故知新
우왕좌왕右往左往
유일무이唯一無二
일거양득一擧兩得
일도양단一刀兩斷
일석이조一石二鳥
자수성가自手成家
자초지종自初至終
작심삼일作心三日
적재적소適材適所
전무후무前無後無
조삼모사朝三暮四
좌지우지左之右之
진수성찬珍羞盛饌
진퇴양난進退兩難
천차만별千差萬別
천편일률千篇一律
초근목피草根木皮
칠전팔기七顚八起

풍찬노숙風餐露宿
호의호식好衣好食

01. 가족과 친척

1. (1) ④ 고명딸 (2) ⑤ 배우자 (3) ① 가장
2. ④
3.

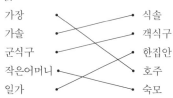

4. 유산
5. ② 숙부 → 동서
6. (1) 선친 : 선친은 남에게 돌아가신 자기 아버지를 이르는 말. 아버지라고 써야 함.
   (2) 군식구 : 군식구는 원래 식구 외에 덧붙어서 얻어먹고 있는 식구. 식구라고 써야 함.

02. 의례

1. (1) ④ 신고식 (2) ③ 발인 (3) ② 목례
2. ③ 예물
3. 혼례
4.

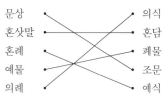

5. (1) 하객 (2) 상견례 (3) 부조 (4) 피로연 (5) 회갑
6. ⓑ 통과의례

03. 의식주1

1. (1) ⑤ 삯바느질 (2) ④ 옷고름 (3) ② 포식
2. (1) ④ 오지랖 (2) ① 숙성

3.

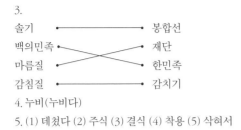

솔기	봉합선
백의민족	재단
마름질	한민족
감침질	감치기

4. 누비(누비다)

5. (1) 데쳤다 (2) 주식 (3) 결식 (4) 착용 (5) 삭혀서

04. 의식주2

1. (1) ② 거처 (2) ① 상주 (3) ① 곳간

2.

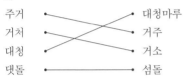

주거	대청마루
거처	거주
대청	거소
댓돌	섬돌

3. ① 노숙

4. (1) 초석 (2) 문간채

5. (1) 처마 (2) 난간

05. 교통과 통신

1. (1) ② 승선 (2) ⑤ 속보 (3) ③ 이탈

2. 운행

3.

교역	도보
기점	맞무역
운송	시점
걷기	통운

4.

06. 날씨

1. (1) ④ 삼한사온 (2) ⑤ 환절기 (3) ④ 기상

2.

3. (1) 삼복더위 (2) 이열치열

4. (1) 호우 (2) 장대비

5. ①

07. 날짜와 시간

1. (1) ③ 후일 (2) ⑤ 어스름 (3) ④ 정체기

2. ④ 세기

3. (1) 그저께 (2) 이틀 (3) 글피

4.

08. 수와 양

1. (1) ⑤ 할당량 (2) ③ 복수 (3) ① 감하다
2. ④ 합격율, ⑤ 성공율
3. (1) 약소 → 빈번 (2) 극소수 → 상당수 (3) 감량 → 함량
4.

09. 모양과 빛깔

1. (1) ① 너비 (2) ① 꼴 (3) ④ 거무튀튀하다

2.

쪽빛 —— 회색빛
잿빛 —— 남빛
각양각색 —— 형형색색

3. (1) 무형 (2) 유형

4. (1) 외형, 규격, 정교하게, 규모

(2) 형상, 기형, 원형, 유형

(3) 굴곡, 음영, 첨예한, 다채로운, 붉으락푸르락하게, 형세

5. ② 꼴값

10. 자연

1. (1) ④ 수확 (2) ② 위축 (3) ① 추호

2. (1) 번식 (2) 낭패

3.

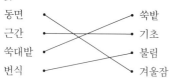

동면 —— 쑥밭
근간 —— 기초
쑥대밭 —— 불림
번식 —— 겨울잠

4. (1) 동면 (2) 냉혈동물 (3) 잠식

5. (1) 싹수 (2) 칩거 (3) 파동

11. 위치와 방향

1. (1) ② 갈피 (2) ④ 분수령 (3) ⑤ 사각지대

2. ① 인근

3.

전면 —— 뒤쪽 면
측면 —— 왼쪽 또는 오른쪽 면
후면 —— 앞쪽 면

4.

도처 ●   ● 앞장
인근 ●   ● 다면
선두 ●   ● 곳곳
다방면 ●   ● 근처

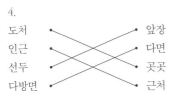

5.

			가
지	향	막	장
표			자
	변	두	리
	구		
공	간		정
중		출	발	점

12. 지리와 장소

1. (1) ① 지형 (2) ② 해역 (3) ④ 해발

2. ① 연해

3. (1) 화석 (2) 습지

4.

양지 ●   ● 경치
지형 ●   ● 땅바닥
풍광 ●   ● 지세
지면 ●   ● 양달

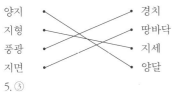

5. ③

6. ⑤ 초토화